定向运动技能训练与教学实践

许庆忠 著

吉林人民出版社

图书在版编目(CIP)数据

定向运动技能训练与教学实践 / 许庆忠著 . —— 长春：
吉林人民出版社 , 2021.9
ISBN 978-7-206-18478-9

Ⅰ . ①定… Ⅱ . ①许… Ⅲ . ①定向运动 – 体育教学 –
教学研究 Ⅳ . ① G826.2

中国版本图书馆 CIP 数据核字 (2021) 第 183984 号

定向运动技能训练与教学实践

DINGXIANG YUNDONG JINENG XUNLIAN YU JIAOXUE SHIJIAN

著　　　者：许庆忠　　　　　　　　封面设计：谢少红
责任编辑：关亦淳　　　　　　　　助理编辑：李子木
吉林人民出版社出版 发行（长春市人民大街 7548 号）　邮政编码：130022
印　　刷：石家庄汇展印刷有限公司
开　　本：710mm×1000mm　　　1/16
印　　张：11.5　　　　　　　　　字　　数：189 千字
标准书号：ISBN 978-7-206-18478-9
版　　次：2021 年 9 月第 1 版　　　印　　次：2021 年 9 月第 1 次印刷
定　　价：59.00 元

如发现印装质量问题，影响阅读，请与印刷厂联系调换。

定向运动是一项融体育、军事、娱乐于一体的综合性运动项目，要求运动员具备技术、智力、体力等综合性技能，它蕴含着丰富的素质教育、生存教育内容，是当代学校体育教学改革的重要载体。

定向运动起源于瑞典，于 20 世纪 80 年代初传入中国，近年来，随着我国经济水平的不断提高和科技的飞速发展，定向运动以其独特的魅力吸引了越来越多的参与者，是家庭休闲、企业团建、学校教学、行业训练等的重要内容。定向运动作为体育赛事之一，其比赛数量逐渐增加，参与人群也在不断扩大。各级各类学校将定向运动作为教学内容，有利于提高学生的体育核心素养。然而，定向运动中的传统教学方法缺乏实践性，难以激发学生的学习兴趣和自信心，无法提高学生定向运动技术能力，不能满足信息化技术教学的基本要求，因此，探索更有效的教学方法，全面提高教师定向运动教学水平和学生定向运动技术，是当下值得研究的课题。

本书首先对定向运动进行了概述，然后就地图、指北针、定位等定向运动的技术体系进行了论述，探讨了定向运动的技能训练、体能训练、心理训练及战术训练，阐述了定向运动的教学目标、教学重点、教学计划、教学原则、教学方法及教学过程，最后对定向运动教学中涉及的教学大纲的制定、教学地图的绘制、定向路线的设计等进行了详细的论述，并结合当下的建模教学，专门探讨了基于建模的定向运动教学。本书紧扣学校体育的培养目标，突出定向运动的实用价值，力求内容精炼、通俗易懂，体现了定向运动发展的新趋势，通过案例对定向运动教学的理论与方法进行了系统的阐述，具有较强的操作性和较高的实用性。

　　笔者大量研读了国内外关于定向运动的研究，数易其稿，以求对定向运动有更科学、更直观的阐述，但因定向运动的开展因时、因地、因人而异，其中难免存在不足之处，恳请广大读者批评指正。

第一章 定向运动概述

第一节　定向运动的起源

定向运动就是利用地图和指北针按照顺序到访地图上所指示的各个点标，以最短时间到达所有点标者为胜的运动。定向运动通常可在森林、郊外、城市公园和大学校园等地进行。

定向运动起源于瑞典。"定向"一词最早出现在 1886 年的瑞典，意思是在地图和指北针的帮助下，穿越未知的地带。

瑞典地处北欧斯堪的纳维亚半岛，国土崎岖不平，覆盖着一望无际的森林，散布着许多湖泊、城镇和村庄，人们主要通过林中、湖畔的小径来往于各地。因而，人们必须具备精确辨别方向的能力，否则会有迷失方向的危险。这里，地图和指北针就成为人们行走和生活的必需品。生活在半岛上的居民、军队便成了定向运动的先驱。

最初的定向运动只是一项军事活动，军人们把在山上辨别方向、选择道路和越野行进作为军事训练的内容。后来，在瑞典和挪威的军营中，军人利用军用地图进行了最初的定向运动比赛。

1897 年 10 月 31 日，挪威组织了第一次面向民众的定向比赛，当时的参赛者仅有 8 人，其后在挪威还举行了一些小规模的比赛。

定向运动正式从军营走向社会始于 20 世纪初。瑞典的一位童子军领袖吉兰特于 1918 年组织了一次名为"寻宝游戏"的活动，赋予了定向运动游戏的特征，引起了人们的极大兴趣。从此，该项活动在北欧广泛开展起来，1919 年 3 月 25 日，一次影响深远的定向比赛在斯德哥尔摩南部纳卡市的林中举行，参赛人数达到 217 人，它的组织模式与规格标志着定向运动作为一项独立体育项目诞生。1920 年，吉兰特为定向运动竞赛制定了包括竞赛规则、路线分类、检查点位置选择、按年龄分组的方法和竞赛组织机构等规则，奠定了现代定向运动的基础，为现代定向运动的推广和发展做出了巨大贡献，吉兰特被人们称为"现代定向运动之父"。

定向运动在我国主要泛指定向越野。"定向越野"名称在我国经历了几次变化。1961 年我国刚开始发展定向越野时，称之为"定向行军"，并仅仅作为国防体育——无线电测向中的一个小项目，在全国省、市、自治区体委的无线电运动中推广。由于在整个越野过程中都要依赖地图，后又称之为"识图越野"，其主要内容和技术是读识地图、使用地图、按地图行进（奔跑）等。

香港是我国开展大众定向运动最早的地区。1979 年 3 月，香港地区的定向运动爱好者在社会各界人士的大力支持下成立了"香港野外定向会"，1982 年成立了"香港野外定向总会"，每年 12 月都要举行"香港野外定向锦标大赛"。

20 世纪 70 年代末期，我国的体育报刊上刊登了一些国际定向运动的文章，国际定向运动特有的锻炼价值和实用性逐渐引起了国内体育和军事部门的注意。

1983 年 3 月 10 日，中国人民解放军体育学院首次在广州白云山上组织了一次定向越野试验比赛。这次比赛虽然准备时间短暂，又缺乏组织经验，但由于定向运动的特点，比赛进行得很顺利并取得了好成绩。取得第一名的学员王清林只用了 2 小时 28 分 11 秒就完成了 10 km 的比赛路程。这次比赛的举办标志着定向运动已正式传入我国内地，也显示了定向运动在我国的适用性和巨大的发展潜力。

1983 年 7 月，北京市测绘学会在举办青少年测绘夏令营时，组织 100 多名 15～17 岁的中学生在密云进行了一次定向越野比赛，定向越野受到了营员们的欢迎，激发了人们对这个项目的极大兴趣。

1985 年 9 月 25 日，深圳市体委在解放军体育学院的协助下与香港野外定向总会共同举办了首届"深港杯野外定向比赛"，参加比赛的有深圳市、香港地区和其他国家的运动员共 200 多人。在 6 个比赛组别中，我国选手夺得了男子双人冠军。1986 年 1 月 1 日至 5 日，"亚洲及太平洋地区定向越野锦标赛"在香港举行。

1986 年，国际定向运动联合会成立 25 周年。国际定向运动联合会对我国开展定向运动给予了热情的关注和支持。我国于 1992 年顺利加入国际定向运动联合会。

在此之后，从 1994 年开始分别在长春、北京、承德、天水、杭州、成都等地举行过"全国定向越野锦标赛""全国学生定向运动锦标赛"和"全国体育大会定向越野比赛";部分地区也相继开展了程度不同、规模不等、形式多样的区域性定向越野锦标赛。1998年10月,我国在北京密云成功地举办了"亚太地区定向国际邀请赛"。

随着我国人民经济和文化生活水平的提高及体育事业的发展,每年都有不同规模的定向运动在全国各地开展。2000年1月10日,我国在贵州省举行了"喀斯特地形野外探险与网络挑战赛"。这次比赛在一般定向运动的基础上又增加了网络等高科技的内容,使定向运动随着时代的发展又前进了一步。2002年5月,第二届全国体育大会将定向运动列为正式比赛项目。

2004年7月,中国定向运动协会首次组建中国国家定向队和中国青年定向队。2004年9月,中国定向运动协会首次正式组队参加在瑞典举行的2004年世界定向锦标赛。2004年11月10日,经国家民政部批准,中国定向运动协会在北京市举办成立大会。中国定向运动协会的正式成立标志着中国定向运动走向成熟。

教育部将定向运动项目加入2004年8月在上海市举行的第七届全国大学生运动会,这标志着教育部已将定向运动列为全国大学生运动会的正式比赛项目,我国各地许多学校都把定向运动学习和练习作为培养学生全面素质的必修内容之一。2005年国家体育总局将定向运动列为体育彩票基金支持的全国青少年户外营地的主要项目之一。

此外,团中央把定向越野作为科技体育的重要内容在青少年中普及,教育部把定向越野作为"体育、艺术2+1项目"中的一项内容在中小学中开展。《全国普通高等学校体育教育本科专业课程方案》中,定向越野也被教育部设为大学体育教育类院校骨干必修课。定向运动在我国不断普及发展,众多高校都将定向运动课程设为选修课,并成立了相应的学生社团,如定向越野协会、定向俱乐部等。定向运动从社会走进了课堂。

定向越野传入我国内地后,快速发展,我国被国际定向运动联合会评为定向越野发展最快的国家之一。

第二节 定向运动的分类

按照运动模式，国际定向运动联合会将定向运动项目划分为徒步定向、滑雪定向、山地自行车定向和轮椅定向。定向运动逐渐演变出多种运动形式，如徒步定向又分一般定向运动、接力定向运动、积分定向运动、公园定向运动、夜间定向运动等。每一种定向运动又可根据参与者的性别、年龄特征，设计不同的难度路线与组别。除接力定向外，每一组别又可分为单人赛、双人赛和团体赛，还可设立男女混合赛等。目前国际上还流行着一些其他形式的定向运动，如校园定向、扶手定向、星形定向、特里姆定向等。

本书主要讨论徒步定向，此后书中凡涉及定向运动，如果没有特别说明，都是指徒步定向。

一、徒步定向

徒步定向运动是目前各种定向运动形式中开展最为广泛、组织方法较为简便的一种。徒步定向运动主要是检验参与者的识图能力、野外路线选择能力、决断能力和奔跑能力等。组织者可根据参与者的性别、年龄特征设计不同难度的比赛路线与比赛组别，徒步定向运动是适合每个人的体育运动项目。

（一）接力定向

接力定向是一项团体比赛项目，其成绩的好坏有赖于每个队员的共同努力。比赛竞争激烈，具有较强的观赏性。组织者把赛程分为若干段，每位运动员完成其中的一段，以各段运动员成绩之和评判全队的总成绩，在找点准确的前提下，以全队总耗时最少者为优胜。

（二）积分定向

组织者在赛区内预先设置好若干检查点，并在图上标明。根据各检查点所处地形的难易程度、距离远近以及相互关系位置的不同赋予不同的分值。参赛者在规定的时间内，选择理想的运动路线寻找若干或全部检查点，以积分最高者为优胜。

（三）公园定向

公园定向主要是在城市公园、校园内进行的一种定向运动。与其他定向运动的不同主要是：参与者都比较熟悉比赛场地，场地地形相对简单，因此比赛的安全性容易得到保障。这种比赛主要适于老年人、中小学生及幼儿参加。比赛的组织方式和成绩计算同一般定向越野。目前，致力于举办这类定向比赛的世界性组织为"世界公园定向运动组织"。该组织十分重视赛事的宣传和推广，对我国学校体育教学引进和推广定向运动，以及培养定向运动的人才起到了重要的作用。

（四）专线定向

组织者只在地图上标出准确的比赛路线，运动员必须按规定的路线行进，并将途中遇到的检查点标绘到地图上。名次以标绘检查点的准确性和耗时的长短来确定。

（五）百米定向

百米定向就是在一块 100 m × 50 m 的场地内进行的定向比赛，观众可以看到运动员比赛的全过程。赛前运动员可以在出发区取到一张地图，分析地形，选择行进路线。起点和终点与比赛区是有严格区分的，禁止未出发的运动员观看别的运动员的比赛过程。比赛的地图采用 1 ：500 的大比例地图，等高距为 1 m。比赛区域内的每一棵树木都会被标注在图上。与此同时，组织者还要另外加上一些点标旗以增加比赛的难度。比赛路线的距离一般为 150 ～ 400 m，设置 5 ～ 13 个点标。

（六）夜间定向

夜间定向是定向运动的一种高难度比赛形式。比赛在夜间进行，比赛的难度大大增加。夜间定向所用的器材上都附有反光材料，参与者亦需要携带用于查看地图的照明设备。夜间定向已被国际定向运动联合会列为正式比赛项目。第一届世界夜间定向锦标赛于 1986 年 10 月 27 至 28 日在匈牙利举行。

二、山地车定向

山地车定向是集定向运动和山地车运动于一身的体育运动。在这项运动中，最重要的定向技巧是路径选择和记图。对于顶级运动员来讲，高超的山地车技巧是应付陡坡的必备条件。出于对周围环境的保护，运动员不能离开规定的路线。

山地车定向是国际定向运动联合会承认的最年轻的专业项目，从 2002 年起每隔两年举行一次世界锦标赛。

三、轮椅定向

轮椅定向原本是专为伤残人士特别设计的定向运动形式。现在，它既可以让乘坐轮椅车的伤残人士加入到定向运动的行列中来，又可以供新手进行定向基本技能的训练。轮椅定向同样也是一种能让所有参与者都饶有兴趣的专项技能比赛。首届轮椅定向世界杯赛于 1999 年举行。

四、滑雪定向

滑雪定向也是国际定向运动联合会的正式比赛项目之一，目前在东欧国家十分流行。许多高山运动员、越野运动员和速度滑雪选手同时又是滑雪定向的高手。

滑雪定向也可以按个人、团队或接力比赛等形式进行。它与个人徒步定向越野赛的区别是选手需要使用滑雪装具（非机动的）。供比赛用的滑道则需要使用摩托雪橇来开辟。同一比赛路线上的滑道通常不止一条，以便于选手自行选择。

第三节　定向运动的价值

一、健身价值

定向运动最突出的价值就是健身价值，它可以强身健体，增强体质。定向运动是在野外进行的，清新的空气、茂密的森林、崎岖的道路都会带给人们新鲜感和神秘感。这种感觉会强烈地刺激人的大脑，从而提高大脑皮层的兴奋性，更有效地激发人体运动系统、循环系统、呼吸系统以及内分泌系统等的潜能。

经常参加定向运动，身体会变得强健，走、跑、跳等运动能力以及耐力、速度、力量、柔韧性、灵敏性等身体素质都将提高，对自然环境的适应能力和对疾病的抵抗能力能够不断增强。

二、益智价值

定向运动也是一种智力的活动，它具有积极的益智价值。

定向运动常常是在陌生的地点（区域）进行的，生疏的环境和完成全部比赛是一对较难解决的矛盾。参加定向运动的活动和比赛时，首先要阅读地形图，读懂地图上所标示的多种地形、地貌、地物及点标（检查点）的位置，并借助指北针精确辨别和判定方向，合理选择到达点标的最佳路线，然后还必须按顺序将隐蔽的点标逐个找到，这就应具备必要的知识和技能。

在定向运动的活动和比赛中，知识和技能掌握得越好，分析、判断、应变能力越强，就越容易成为活动和比赛的强者。相反，如果在知识和技能方面存在薄弱环节，或者在分析、判断、应变方面显得迟缓，就会遇到许多麻烦，甚至失败。

通过进行定向运动的学习、锻炼和比赛，人们可以增长相关学科，如地理学、测绘学、军事地形学、植物学等的基本知识和在实践中应用这些知识的能力，学会在运动中使用指北针，发展思维能力，培养快速应变能力。

此外，定向运动还能成为大脑工作的"调节剂"。大学生日常用脑的时间很长，极易造成大脑的疲劳。利用节假日到野外参加定向运动，有利于消除大脑的疲劳，使头脑清醒，思维敏捷，提高学习效率。

三、育德价值

所谓育德，也就是培养道德品质。定向运动由于在环境、条件和比赛方法上的特殊性，在培养道德品质方面，更具有其独特的作用。

任何比赛都必须有严格的比赛规程和规划，这对每一个人都是公平的。参加定向运动比赛时，参加者判定的方向和选择的行进路线以及对每一个点标的寻找都来不得半点马虎和丝毫的投机取巧，成功与失败之间可谓泾渭分明。因此，只有发扬坚定、细致和诚实等精神才能完成任务并取得胜利。当遇到困难时，就要以十倍的信心和百倍的勇气千方百计地去克服它。当体力不支，感到难以支撑下去时，所能选择的唯一出路是咬紧牙关、坚定信念，不断鼓励自己，使出全身的力气，顽强拼搏，发扬不达目的决不罢休的精神，坚持、坚持、再坚持，才能到达胜利的彼岸。还要发扬团队精神和集体力量，尊重同伴，相互鼓励、支持和帮助，这同样是不可缺少的精神和风格。

除此之外，定向运动还能培养在陌生的新环境下的竞争意识和适应能力以及对事业的进取心。

四、娱乐价值

娱乐价值也可以称为休闲娱乐价值，定向运动能给人带来无限的快乐。

置身于山区、森林、公园、风景名胜等环境中，人们首先获得的是一种回归大自然的感觉，会顿觉开朗，赏心悦目、心旷神怡。那起伏的山峦丘陵、成荫的绿树、茵茵的芳草、潺潺的流水……如同一幅美丽的画卷；那鸟语、蝉鸣、呼啸的松涛仿佛是曲曲动人的自然交响乐；即使是土地发出的芳香，也会让人陶醉；那带着芳香的清新空气正是无价的大氧吧。这一切，怎能让人不向往？

定向运动的竞赛性、游戏性、情趣性和神秘性能带来愉悦身心的良好效果。在开始活动和比赛的那一刻，人们的身心一定会进入一种状态，即生理上心跳加速、血压升高、呼吸加深、体温上升，心理处于渴望、紧张、激奋的状态；在行进过程中，当参与者能精确地判定方向、正确地选择道路、顺利地找到点标时，内心会感到一种成功的喜悦；当发现方向判定失误或迷路，但通过冷静的思考、快速和科学的再判断，终于找到正确的方向和道路时，会感受到受到了激励，重新取得了自信；当通过全身心的努力，把体能、智力、心理能力全部发挥出来，克服重重困难，最后到达终点，并取得胜利时，那种成功、激动、惊喜和满足的感觉是无法用语言来表达的。

总之，定向运动的娱乐价值是显著的，它可以愉悦人们的身心，丰富社会文化生活，建立健康、欢乐、文明的生活方式。

五、社交价值

体育比赛既是一种对抗，又是一种交流和交往。人们常说，场上是对手，场下是朋友。定向运动的比赛同样可以发挥交流、交往的积极作用。

体育比赛中的胜负、得失是暂时的，但友谊是永恒的、无价的。比赛中不仅能进行技艺的交流，还能进行情感的交流。诚恳、谦虚、友好的品质是体育比赛中促进相互了解、增进双方友谊的基础。赛场内外，运动员都可以通过切磋技艺、交流经验、互赠纪念品、合影留念等方式，达到增进友谊、结识朋友的目的。

参加定向比赛能接触不同的人，如观众、裁判员、组织者、志愿者、服务人员以及媒体记者等；在国际比赛中，还能与来自不同国家和地区的不同肤色、不同宗教信仰的运动员在一起，因而社交面是非常广的。与各类人群的交往可以积累丰富的社交知识和经验，提高社交能力。

六、经济价值

定向运动的广泛开展必然会带动相关产业的发展，它所带来的经济效益是不可小觑的。

对定向运动的经济价值可以做以下简要的描述：定向运动装备生产与销售；定向运动场地的建设、市场开发与运作；定向运动俱乐部的建设与市场运作；定向运动带动服务业（含交通、宾馆、餐饮、纪念品等）的经营和发展；定向运动对旅游业的促进和推动；定向运动对媒体、出版发行业的促进与推动；定向运动对赞助商和广告业的吸引力；定向运动还能吸纳一定数量的劳动者，为失业下岗人员提供就业机会。

目前我国的定向运动仍处于推广和发展的阶段，其经济价值还未得到充分挖掘和发挥。随着我国经济的快速、健康、持续发展和社会的不断进步，定向运动将会得到进一步的推广与普及，其经济价值也会随之显现出来。

第四节　定向运动的器材和装备

一、检查点

检查点是工作人员于比赛前在比赛场地（现场）中摆放的标志。严格意义上的检查点是由三个部分构成的：点标、点签、地物及其特征。

（一）点标

点标是用三面标志旗围成的"三角形灯笼"，每个面的标志旗呈正方形，沿对角线分开，左上为白色，右下为橙红色，尺寸 30 cm×30 cm。点标上编有代号（代号通常贴在点标的附近，需走近才能看清），以便运动员在比赛时根据此代号来判断自己是否找到了正确的检查点。

（二）点签

点签能为运动员提供找到检查点的凭据。传统的点签是夹钳式的，用弹性较佳的塑料或金属材料制成，顶端装有钢针。每个检查点点签的钢针以不同方式排列，从而可以夹出不同的图案印痕，以证实运动员找到了哪个检查点。

电子式点签被称作"卡座"或"打卡器"。它的前端有一个圆洞，在运动员插入电子指卡时，会把当时的时间写入指卡。当运动员完成比赛，携带指卡到达终点时，指卡上不但记录了比赛总用时，而且还记录了到达每个检查点的具体时间。

（三）地物及其特征

地物（在定向中还包括地貌的内容——等高线特征）是现地存在、图上正确表示了的地面物体（如坟墓、土坑等）。有的地物较大或者较长（如湖泊、道路等），其明显的弯部、转角等处就是特征。

完整的检查点的含义就是在地物、地物特征处或其附近摆放（悬挂）了点标和点签的地方。

（四）检查点说明符号

用一些简明而形象的图形符号对检查点的位置及其周围环境特点进行进一步描述，对于组织级别较高、规模较大的比赛，尤其是国际比赛是非常必要的。定向运动比赛中，特别是在路线和检查点设置较多的比赛中，一张配合准确的说明符号的地图对于提高找点速度，减少找点差错，的确很有帮助。当然，发现检查点不能仅仅依靠这些说明符号，主要还是靠识图用图本领及对检查点地物的正确判断。

1.一条完整的路线检查点说明

多数情况下，检查点说明使用符号表的形式。当参与者中新手较多或有其他原因时，也可同时提供符号表与文字说明。

2.说明符号表的结构与内容

一条完整路线的说明符号表包括下述内容。

表头：组别（分组）；路线长度（m）；总爬高量（m）。

表身：依次对各检查点进行说明（包括起点）。

表尾：所有标识路段（必经路线）的长度与类型（包括赛程中的、最后检查点至终点的）。

各栏内容如图1-1所示。

图1-1　表头、表身

A栏：检查点编号（按比赛路线的顺序）。

B栏：检查点代号（在手写的说明表里需加括号）。

C栏：哪个特征物（当检查点圆圈内有多个相同特征物时）。

D栏：检查点特征物（通常是地图上的符号）。

E栏：特征物所在处进一步的信息。

F栏：特征物的尺寸。

G栏：点标所处的位置。

H栏：其他相关情况。

3.符号

C栏符号如图1-2所示。

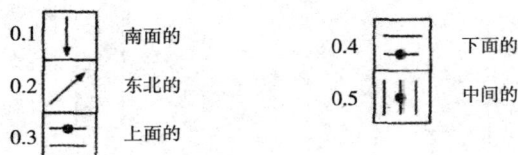

图1-2　C栏符号

D 栏特征物符号如图 1–3 至图 1–9 所示。

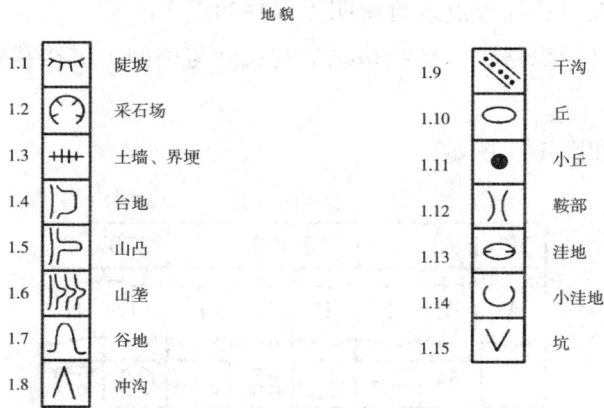

地貌

1.1		陡坡
1.2		采石场
1.3		土墙、界埂
1.4		台地
1.5		山凸
1.6		山垄
1.7		谷地
1.8		冲沟

1.9		干沟
1.10		丘
1.11		小丘
1.12		鞍部
1.13		洼地
1.14		小洼地
1.15		坑

图 1–3　地貌符号

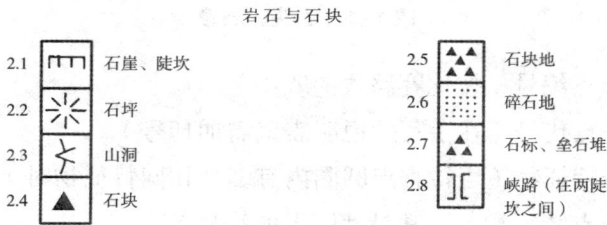

岩石与石块

2.1		石崖、陡坎
2.2		石坪
2.3		山洞
2.4		石块

2.5		石块地
2.6		碎石地
2.7		石标、垒石堆
2.8		峡路（在两陡坎之间）

图 1–4　岩石与石块符号

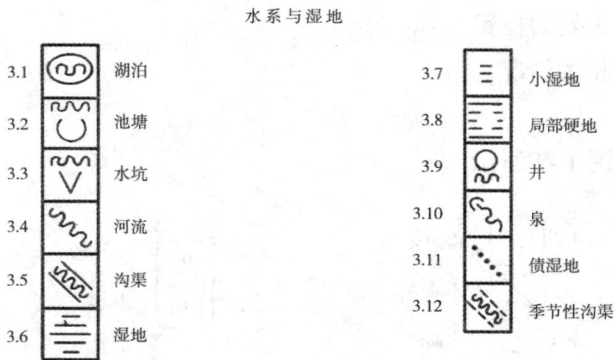

水系与湿地

3.1		湖泊
3.2		池塘
3.3		水坑
3.4		河流
3.5		沟渠
3.6		湿地

3.7		小湿地
3.8		局部硬地
3.9		井
3.10		泉
3.11		债湿地
3.12		季节性沟渠

图 1–5　水系与湿地符号

植被

4.1	◇	空旷地、广场		4.6		树桩丛
4.2		半空旷地		4.7		植被边界
4.3		树林拐角		4.8		矮树丛
4.4		林中空地		4.9		树篱笆
4.5		密灌丛		4.10		线状密灌

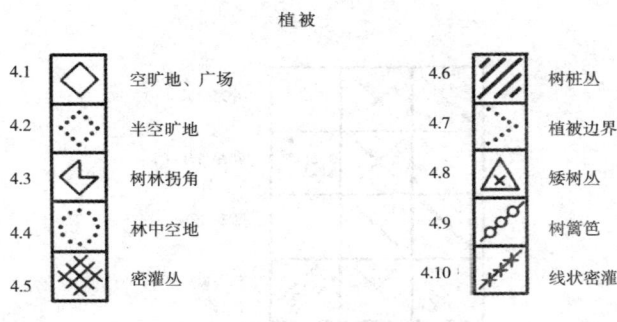

图 1-6　植被符号

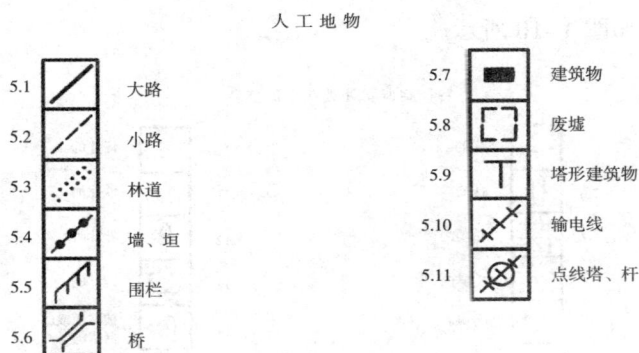

人 工 地 物

5.1		大路		5.7		建筑物
5.2		小路		5.8		废墟
5.3		林道		5.9		塔形建筑物
5.4		墙、垣		5.10		输电线
5.5		围栏		5.11		点线塔、杆
5.6		桥				

图 1-7　人工地物符号

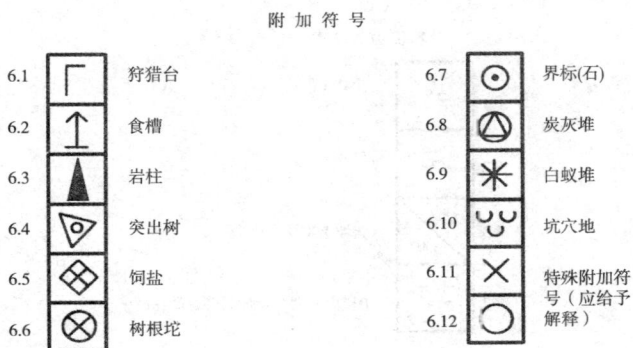

附 加 符 号

6.1		狩猎台		6.7	⊙	界标(石)
6.2		食槽		6.8		炭灰堆
6.3		岩柱		6.9	✳	白蚁堆
6.4		突出树		6.10		坑穴地
6.5		饲盐		6.11	×	特殊附加符号（应给予解释）
6.6	⊗	树根坨		6.12	○	

图 1-8　附加符号

符号配合

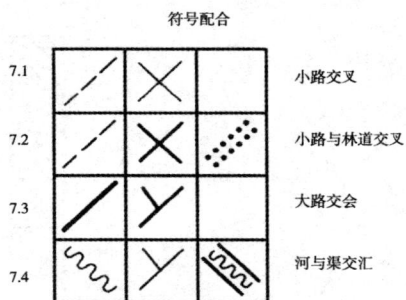

7.1			小路交叉
7.2			小路与林道交叉
7.3			大路交会
7.4			河与渠交汇

图 1-9　符号配合

E栏符号如图 1-10 所示。

特征物所在处进一步的信息

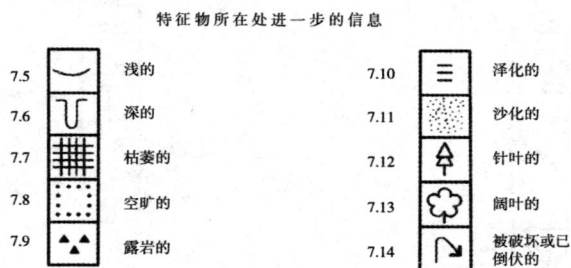

7.5	浅的	7.10	泽化的
7.6	深的	7.11	沙化的
7.7	枯萎的	7.12	针叶的
7.8	空旷的	7.13	阔叶的
7.9	露岩的	7.14	被破坏或已倒伏的

图 1-10　特征物所在处进一步的信息

F栏符号如图 1-11 所示。

特征物的尺寸

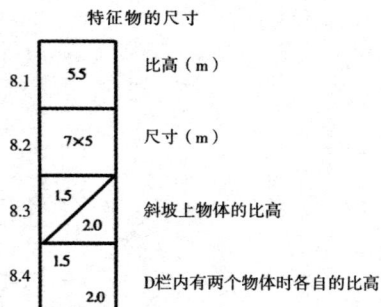

8.1	5.5	比高（m）
8.2	7×5	尺寸（m）
8.3	1.5 / 2.0	斜坡上物体的比高
8.4	1.5 2.0	D栏内有两个物体时各自的比高

图 1-11　特征物尺寸符号

H 栏符号如图 1-12 所示。

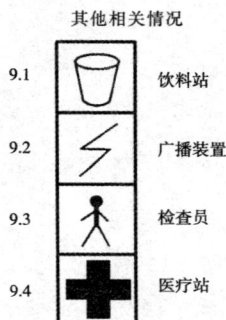

其他相关情况

9.1		饮料站
9.2		广播装置
9.3		检查员
9.4		医疗站

图 1-12 其他相关情况符号

G 栏符号如图 1-13 所示。

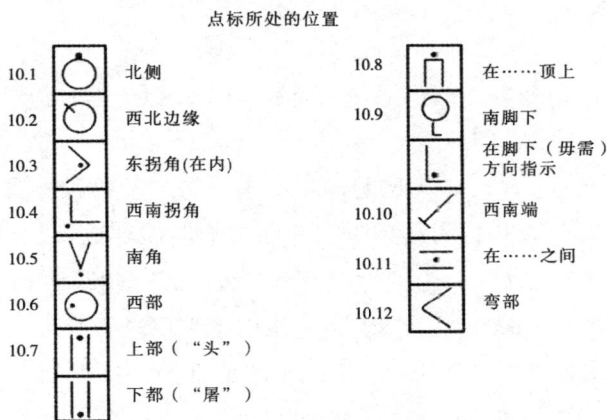

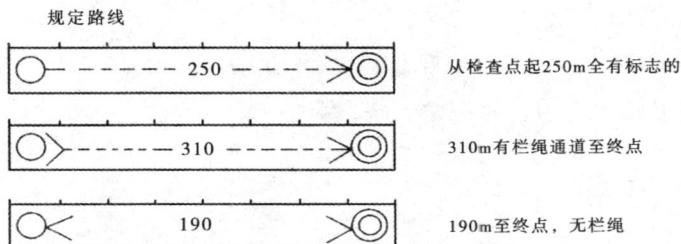

点标所处的位置

10.1		北侧	10.8		在……顶上
10.2		西北边缘	10.9		南脚下
10.3		东拐角(在内)			在脚下(毋需)方向指示
10.4		西南拐角	10.10		西南端
10.5		南角	10.11		在……之间
10.6		西部	10.12		弯部
10.7		上部（"头"）			
		下都（"屠"）			

规定路线

250	从检查点起250m全有标志的
310	310m有栏绳通道至终点
190	190m至终点，无栏绳

图 1-13 点标所处位置符号

二、打卡系统

（一）针孔打卡器

针孔打卡器用弹性较佳的塑料制成，一端装有钢针，每个打卡器的钢针组合图案都不同。此种打卡器价格低廉，使用方便，适于在日常教学、训练以及一些小型比赛中使用。

（二）电子打卡计时系统

随着定向运动的不断发展，定向器材的发展也十分迅速，目前在国内外的大型定向赛事中都采用先进的电子打卡计时系统，使用电子打卡计时系统不仅可以使运动员易于操作，还可以使组织者的工作变得极为简单，同时也使比赛更加公平、公正。SPORTident 电子打卡计时系统是目前世界上知名的定向运动电子打卡计时系统之一，其系统构成和使用方法如下。

1. 系统构成

SPORTident 电子打卡计时系统一般由指卡、打卡器和终端打印系统组成。

2. 使用方法

在使用电子打卡计时系统的定向比赛中，每个参赛者都发有一个统一编号的指卡，它可以存储开始和结束时间，而打卡器能存储运动员到访时的时间，当将指卡插入打卡器时，打卡器便自动将到访的时间写入指卡。在参加比赛时，运动员应将指卡佩戴在手指上，并按以下程序进行打卡。

（1）选手出发前打"清除"，清除卡中原有的信息。

（2）出发时打"起点"，比赛开始计时。

（3）比赛中途按比赛要求找到每一个检查点，并在相应检查点的打卡器上打卡，读取到达该检查点的时间。

（4）回到终点在"终点"打卡，比赛结束。

（5）到主站上打卡，领取个人成绩条。

三、定向地图

（一）定向运动地图简介

地图是地球表面从空中鸟瞰的简缩图。地图上标明的比例尺说明地图被缩小了多少倍。在日常生活中我们看到过各种各样的地图，他们不但颜色和符号各不相同，而且质量也各不相同，有些简单、粗略，有些更精确、详细。尽管在任何一张地图上都可以进行定向运动，但为了定向运动本身，还需制作专门的定向运动地图。定向运动地图更加准确、详细，能使运动员更容易比较地图上的符号标记与实际地形中的实物。

地形：地物和地貌的总称。

地物：地球表面自然形成和人工建造的固定物体，如江河、湖泊、道路、村庄等。

地貌：地球表面高低起伏的各种状态，如山地、平地等。

地形图（简称地图）则是按一定的比例尺，用规定的符号表示地物、地貌平面位置和高程的正射投影图。它是定向运动必不可少的工具之一。要参加定向运动，首先必须会看地图。定向运动所用的地图是由地图比例尺、地物符号、地貌符号、指北方向线和图例注记五大要素组成的。

（二）定向运动地图比例尺

地图上某线段长与相应的实地水平距离之比，叫地图比例尺。地图比例尺＝图上长／相应实地水平距离，如某幅图的图上长为 1 cm，相应实地的水平距离为 100 m（10 000 cm），则这幅地图是将实地缩小 10 000 倍测制的，1 与 10 000 之比就是该图比例尺，叫 1：10 000 地图。

1. 地图比例尺的大小与特点

比例尺只是一种纯粹的比值，因此相比的两个量须取同样的单位，单位不同不能成比。

"大比例尺图""小比例尺图"的区别按比例尺的比值衡量。比值的大小可依比例尺分母来确定，分母小则比值大，比例尺就大；分母大则比值小，比例尺就小。如 1：10 000 大于 1：15 000，1：20 000 小于 1：10 000。

一幅地图，当图幅面积一定时，比例尺越大，其包括的实地范围就越小，图上显示的内容就越详细；比例尺越小，图幅包括的实地范围就越大，图上显示的内容就越简单，如 1：10 000 地图上的 1 cm² 相当于实地 10 000 cm²。

比例尺越大，图上量测的精度越高；比例尺越小，图上量测的精度也就越低。

2. 图上距离的量读

（1）用直尺量读。当利用刻有"直线比例尺"的指北针量读时，可根据刻在尺上的数值在图上直接读出相应实地的距离。当利用"厘米尺"量读时，要先从图上量取所求两点间的长度，然后乘以该图比例尺分母，即得出相应的水平距离（需将结果换算为米或千米）：

实地距离 = 图上长 × 比例尺分母

例如，在 1：15,000 图上量得两点间的距离为 5 cm，则实地水平距离为：5 cm × 15 000 = 750 m，当量算某两点间的弯曲（如公路）距离时，可将曲线切分成若干短直线，然后分段量算并相加。直尺量读法精确度高，但不便于在奔跑中使用。

从图上量取的距离不论是直线还是曲线，都是两点间的水平距离。如果实地的地形起伏很小，从地图上量算的距离就接近于实地距离。起伏越大，量算的距离就越小于实地距离，并且还应该考虑实际奔跑的路线并非直线。因此，当需要精确计算图上两点间的距离时，必须根据地形的起伏情况进行具体分析，将图上量得的距离加上适当改正数。为便于实际应用，表 1-1 至表 1-3 介绍几种改正数据，以供参考。

表 1-1　坡度改正数表

坡度 /°	改正数 /%	坡度 /°	改正数 /%
5	0.38	25	10.34
10	1.54	30	15.47
15	3.53	35	22.08
20	6.45	40	30.54

坡度改正数随着坡度的增大而增大，按其理论推算，其应改正的数值如表 1-1 所示。由于实地坡面并不是一个均匀的坡面，加之道路多有弯曲，所以理论改正数与实际要改正的数仍有较大差别，根据在一般地形上的实验，应改正的数值如表 1-2 所示。

表 1-2　坡度与弯曲改正数表

坡　度 /°	改正数 /%	坡　度 /°	改正数 /%
0～4	3	20～24	40
5～9	10	25～29	50
10～14	20	30～34	65
15～19	30	35～40	80

如果对距离只求概略的了解，可以根据表 1-3 经验数据进行改正。

表 1-3　一般经验改正数表

地形类别	改正数 /%
平坦地（有微起伏）	10～15
丘陵地（比高 100 m 以下）	15～20
一般山地（比高 100 m～200 m）	20～30

计算公式为

实际距离 = 水平距离 + 水平距离 × 改正数

例如，从图上量得两点间水平距离为 5 km，平均坡度为 8°，则实地距离为

$5 + 5 × 10\% = 5 + 0.5 = 5.5$ km

（2）用手量读。用手量读就是提前测量好并熟悉自己的手指（骨节或指甲等）的宽度、长度或厚度等，在比赛中替代直尺的作用。此方法有不够精确的缺点，但使用时方便快捷。类似的还有对自己头发的粗度的测量，熟悉它的尺寸对判断图上的细微距离更为有用。

（3）目估法。目估法又叫心算法。这种方法在定向运动比赛中最有实用价值。要掌握它，需要具备下述两方面的能力。

①能够精确地目估距离，包括图上的距离和现地的距离：在图上，能够辨

别 0.5 mm 以下尺寸的差异；在现地，目估距离的误差不超过该距离总长度的 1/10。例如，某两点间的准确距离为 100 m，目估出的距离应在 90 m ～ 110 m（国际定向运动联合会对测图人测距的要求是误差在 5% 以内）。

②熟知图上几种常用的单位尺寸与相应实地水平距离的对应关系，如：在 1：10 000 的地图上，1 mm 相当实地 10 m；2 mm 相当实地 20 m，1 cm 相当实地 100 m。一些换算关系如表 1-4 所示。

表 1-4　图上与实地的换算关系

地图比例尺	图上 1 cm 相应实地水平距离 /m	实地 1 km 相应图上长 /cm	图上 1 cm² 相应实地面积 /km²	实地 1 km² 相应图上面积 /cm²
1：5 000	50	20	0.0025	400
1：10 000	100	10	0.01	100
1：15 000	150	6.67	0.0225	44.44
1：20 000	200	5	0.04	25

（三）定向运动地图符号

地图符号是地图与用图者对话的语言，是我们获取现地地形信息的唯一渠道，因此完整、准确地识别符号是正确使用地图的前提。识别符号不能靠机械记忆，需要了解它们的制定原则，了解符号的图形、色彩和表意之间的逻辑联系，这样才能根据符号联想出每一种地面物体的外形、特点以及对我们的意义。

1. 符号的分类与颜色

如同其他地形图一样，定向运动地图也要求完整而详细地表示地貌、水系、植被、建筑物、道路和行政境界，即所谓"地图的六大要素"。以下是国际定向运动联合会（以下简称"国际定联"）根据定向运动比赛的特殊需要，将定向运动地图的符号分成的七个类别。

（1）地貌，用棕色表示。这类符号还包括：土坎（崖）、土墙、冲沟、小丘、小凹地、坑洼等表示地面详细形态的专门符号。如图 1-14 所示。

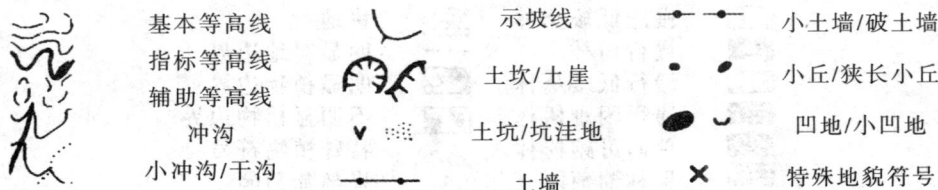

图 1-14 地貌符号

基本等高线　指标等高线　辅助等高线　冲沟　小冲沟/干沟

示坡线　土坎/土崖　土坑/坑洼地　土墙

小土墙/破土墙　小丘/狭长小丘　凹地/小凹地　特殊地貌符号

（2）岩石与石块，用黑色＋灰色表示。岩石与石块是地貌的特殊形式。它们既可以为读图与确定点位提供有用的参照物，又可以向参赛者表明是危险还是可奔跑的通行情况。为使它们明显地区别于其他地貌符号，这类符号使用了黑色（仅石坪用灰色表示）。如图 1-15 所示。

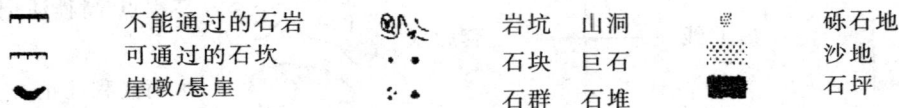

不能通过的石岩　可通过的石坎　崖墩/悬崖

岩坑　山洞　石块　巨石　石群　石堆

砾石地　沙地　石坪

图 1-15 岩石与石块的符号

（3）水系与湿地（淤泥地、沼泽地）用蓝色表示。这类符号包括所有露天的明水系。当伴有水生或沼泽生的植物时，可与相应的植被符号配合表示。如图 1-16 所示。

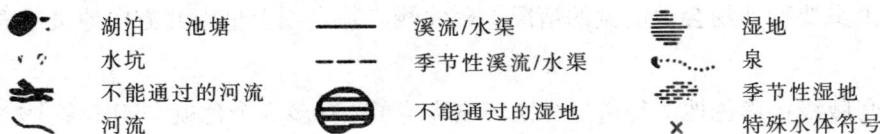

湖泊　池塘　水坑　不能通过的河流　河流

溪流/水渠　季节性溪流/水渠　不能通过的湿地

湿地　泉　季节性湿地　特殊水体符号

图 1-16 水系与湿地的符号

（4）植被用空白或黄色＋绿色表示。由于植被能影响人的视野和运动速度，但也可以给读图提供重要的参照物，所以定向地图对植被的情况做了详细的区分。如图 1-17 所示。

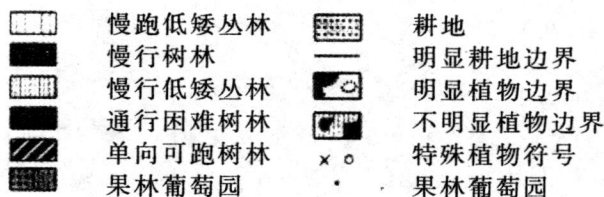

图 1-17　植被符号

（5）技术性符号用黑色＋蓝色＋棕色表示。技术性符号在所有类型的地形图上都是重要内容，在定向图上主要有磁北线、地图套版线、高程注记等。如图 1-18 所示。

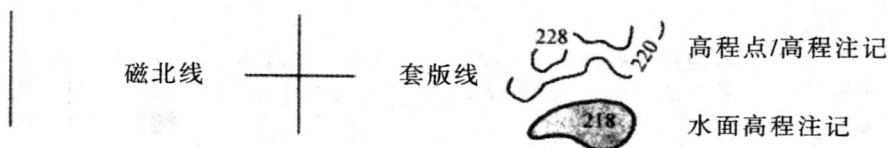

图 1-18　技术性符号

磁北线是地图上表示地磁的方向线。它不仅可以用来标定地图的方向、确定寻找目标的方向，还可以用于概略地判明比赛路线的方向和距离。

磁北线在图上用 0.14 mm（黑色）或 0.18 mm（蓝色）的平行线表示。在 1 : 15 000 的定向地图上，两相邻磁北线间的距离一般相当于实地 500 m。除非遇上重要特征物会被遮盖的情况，磁北线必须在图上呈南北方向地贯通整个赛区。

套版线：彩色地图是通过多次印刷完成的（有多少个色就需印刷多少次）。为了保证不造成地图成品失真、失准，必须使用套版线来"规矩"印刷的各个环节。

国际定联规定：在定向地图的外框范围内的非对称位置上，至少要绘制三个套版线。理论上，不同颜色版次的套合误差应为零（不同色的套版线完全重合）。但为实际印刷操作考虑，套版误差允许在 0.2 mm（1 : 15 000 图实地为 3 m）以内。作为使用者，我们可以通过观察套版线的误差大小，判断地图的质量以及由此带来的影响。

　　高程注记可用于了解某个地点的高程（海拔高）和计算参照物的高差。等高线上的和水面的高程注记不标明点位，它们的高程注记的字头方向基本上是朝北的（向上）。

　　（6）比赛路线符号用紫色表示。比赛路线及其通行、障碍、危险、保障等的情况在一般的定向比赛时是用手工绘制在地图上的；但高级别、大规模的比赛则会用套印的方法将这些情况印刷在地图上。如图1-19所示。

起点		禁越线		禁止通行
定向路线		通过线		
检查点				急救站
检查点编号		禁入区		
必经路线		危险区		供水站
终点				

图1-19　比赛路线符号

　　（7）人工地物，用黑色表示。包括各种道路、房屋、围栏等符号。如图1-20所示。

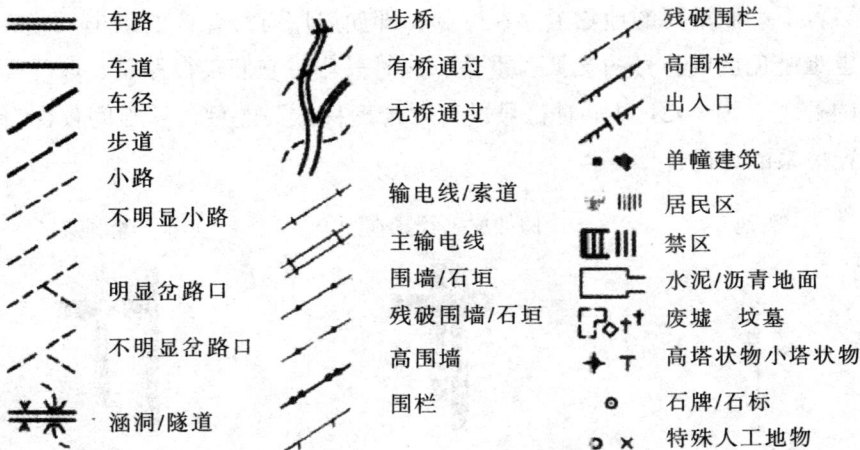

车路	步桥	残破围栏
车道	有桥通过	高围栏
车径	无桥通过	出入口
步道		
小路	输电线/索道	单幢建筑
不明显小路	主输电线	居民区
	围墙/石垣	禁区
明显岔路口	残破围墙/石垣	水泥/沥青地面
不明显岔路口	高围墙	废墟　坟墓
	围栏	高塔状物小塔状物
		石牌/石标
涵洞/隧道		特殊人工地物

图1-20　人工地物符号

2.符号的大小与相互关系

地形符号的大小标明物体的实际尺寸和可准确利用的点、线，是区分依比例尺和不依比例尺符号的界线，如独立房屋，若图上尺寸为 0.3 mm × 0.5 mm，为不依比例尺的独立房屋，用图时只有中心点的位置准确；若图上尺寸大于 0.3 mm × 0.5 mm，则为依比例尺的独立房屋，现地用图时，可利用其房屋拐角点。熟悉这些尺寸界线对于实际用图是很重要的。

为了完整而详细地表示出地形，同时又能保证定向地图的清晰易读，国际定联规定了定向地图符号的最小尺寸以及当它们相互靠近时的关系处理原则与最小间隔。

符号的大小、线条的粗细、符号间最小距离的规定都是以日光条件下的正常视力和当今的印刷技术水平为依据制定的。

以 1 : 15 000 比例尺图为例。同色线形符号之间的最小间隔：棕色、黑色为 0.15 mm；两个相邻的蓝色线形符号：最小间隔 0.25 mm；最短的点状线形符号：至少由两个点构成；最短的虚线形符号：至少有两段线条；点状线围起来的符号：直径至少 1.5 mm，有 5 个点；色块符号的最小面积：蓝色、绿色、灰色、黄色以专色印刷的色块从 0.5 mm²，黑色的点状网屏为 0.5 mm²，蓝色、绿色、黄色的点状网屏为 1.0 mm² 。

当若干小而重要的地物紧靠在一起，即使采用符号允许的最小尺寸表示它们，也难避免造成符号的交叉、重叠。这时只能对它们实行移位、取舍等制图方法的处理。图 1-21 显示对符号进行"合理移位"之后，符号间仅保持了相互位置关系的正确性。

现地　　　　　假如准确绘画在图上　　　　　实际上绘画成了

（距离1m~2m）　　　　　　　　　　　　　合理移位了7m~8m

图 1-21　对靠得太近的符号只能"合理移位"

3.符号的图形特点

无论何种地物，它们在现地的平面形状特点都可以被理解为面状的、线状的和点状的。在这一点上，我们发现图上各种符号的图形特点与实地地物的形状特点之间具有惊人的相似之处，并且一一对应。

（1）点状符号。这类符号在实地的面积或体积通常较小，但他们的外形或功能具有明显的方位作用，是参赛者在行进中的重要参照物。例如，坟、石、块、塔形建筑物、井等，用不依比例尺描绘的图案符号或点状符号表示这类物体。在图上，点状的符号本身并不指明地物的大小或它所占有的面积，因此不能进行量算。这类符号拥有自己的"定位点"，即地物在现地的精确位置。见表1-5，其具有以下特点。

表1-5　符号的精确位置（定位点）

符号举例	定位点
■ ✦ ✿ ✕ ▣ ● ▲	在图形的中心
T T T T ⌣ v	在符号的重心

①所有点状符号所表达的点状特征在地图上的精确位置定位于点状符号的重心。

②通过不同颜色的组合，同一符号可分别表示地貌（棕色）、岩石（黑色）、植被（绿色）和人造物（黑色）。

③特殊人造特征符号可以根据实地人造特征的实际情况进行定义，并在图例中进行说明。

（2）线状符号。定向地图中线状符号用来表达线状特征，它将线状特征分为三类：可快速奔跑的交通网、有导航作用的空中缆线、妨碍通行的地貌和地物特征。其表达形式具有以下特征。

①为交通网提供了详细的分类表达形式。

②可能妨碍通行的地貌和地物特征分为可通行和不可通行两类，如可通行和不可通行的土崖和悬崖，可通行和不可通行的水道，可通行和不可通行的土墙、围墙、栅栏及树篱，等等。可通行与不可通行是相对标准，主要取决于制

图人员的判断。但是，在定向比赛中，如果强行通过在地图上被表达为不可通行的障碍物，将被取消比赛资格。

（3）面状符号。定向地图中，面状符号用来表示呈区域性分布的特征，可以分为可通行和不可通行的区域两大类来表达。可通行的面状特征又在开阔地、林地（包括下层丛林）、水体、地貌的基础上进一步按易跑性或易跑性与通视度来分类表达。其表达形式有以下特征。

①开阔地按易跑性和通视度被依次分为开阔地（图1-22B点）、半开阔地（图1-22C点）、凌乱开阔地（图1-22D点）、凌乱半开阔地（图1-22G点）及耕地（耕地是季节性可通行区域，如图1-22A点）。

②开阔地符号可以与表达下层丛林的符号（慢跑灌木林和难跑灌木林）组合起来对地面易跑性和通视度进行表达，如带有慢跑灌木林的凌乱开阔地（图1-22E点），带有难跑灌木林的凌乱开阔地（图1-22F点），带有慢跑灌木林的凌乱半开阔地（图1-22H点），带有难跑灌木林的凌乱半开阔地（图1-22K点）。

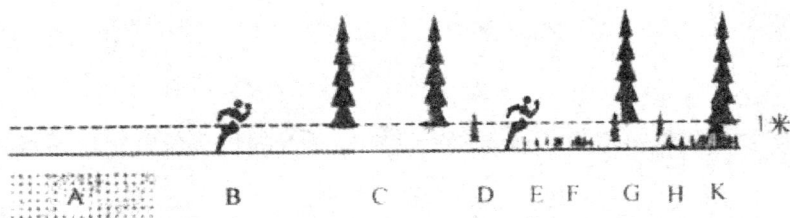

图1-22　开阔地的易跑性和通视度表达形式

③林地（含下层丛林）按易跑性和通视度，以相同地貌中小路上的奔跑速度为标准（100%），分为开阔地能以80%～100%标准速度奔跑的易跑林；开阔易跑林地中通视度好的，能以60%～80%标准速度跑的慢跑灌木林；开阔易跑林地中通视度好的，能以20%～60%标准速度通行的难跑灌木林；通视度一般的，能以60%～80%标准速度跑的慢跑林地；通视度差的，能以20%～60%标准速度通行的难跑林地；通视度差的，只能以1%～20%标准速度通行的难通行林地；通视度差不能通行的林地。

④水体按可通行性分为不能通行的水体，能通行的水体，不能通行的沼

泽，可通行的沼泽，可通行的不明显的沼泽。

⑤地貌按易跑性分为可奔跑的露岩地、砾石地、坑穴地、开阔的沙地和石块地。

4.符号的识别

地形符号包括地物符号与地貌符号，种类多、数量大，但只要了解其设计规律并掌握一定要领，就能快速识别，增强记忆。

（1）按象形识别。设计地形符号遵从了象形原则，如庙、亭、钟楼，按它们的大屋顶形状构图，气象站取风向标图形，水（风）车按水轮（或风叶）的形状绘制。所以识别、记忆符号，要从符号构图的象形角度去联想所代表的物体。

（2）依含义分析。设计符号时注意了图形与含义的联系，如独立房屋符号上方绘有闪电标志，它应该是变电所；江河中（旁）的箭形符号表示水体流向；棱角明显的三角块表示石块地。所以从含义上分析和记忆符号，能达到快速识别和牢固记忆的目的。

（3）从逻辑角度判断。设计符号时顾及了图形组合的逻辑推理。通常符号的基形体现同类物体的共性，局部变换则显示具体物体。通常规定：虚线符号表示不稳定、无实体、临时性或废弃的物体，如小路、时令河、季节性棚房与破坏房屋；而实线符号表示稳定、实地可见、长久或完整的地物，如铁路、城墙、房屋等。齿线符号表示陡面，它与其他符号相配合或用不同颜色表示，则构成具有陡面性质的多种地物符号。例如，与水系符号相配合，可构成有滩陡岸、无滩陡岸、堤岸等符号；与道路符号相配合，可构成路堤、路堑符号；与地貌符号相配合，可构成陡岸、冲沟等符号自身封闭，还可构成土堆、坑穴等符号。短平等线符号表示水系两岸线间的建筑物，稍加变化或用不同颜色表示，可构成相同含义的多种符号，如短平等线两端绘有向外的短线，表示桥梁；中间开两个口，为水闸符号；若用蓝色描绘，为输水槽符号。所以，掌握符号的构图逻辑，有利于识别和记忆许多派生符号。

5.认识符号应注意的问题

在定向图上，对于一组属性相近的地物，通常只规定一个基本符号，然后根据这些符号的不同分类，分别使用不同的颜色。在识别符号时，注意不要搞混。因此，定向活动应该尽量避免使用单色地图。如表1-6所示。

表 1-6　图形相同的符号

符号举例	符号称呼	颜色
∨	土坑	棕
∨	岩坑	黑
∨	水坑	蓝
⟼•⟞	土墙	棕
⟼•⟞	石墙	黑
∪	小洼池	棕
∪	泉	蓝

　　为了表示某些同类地物之间的差别，一般只将它们的基本符号做一些局部的改变或方向调整，在认识这些符号的时候应特别仔细，注意符号本身或其与周围地形之间的细微差别。如表 1-7 所示。

表 1-7　符号的细微差别

符号举例	符号名称	符号特点	颜　色
	不能通过的陡崖	边缘线粗	黑
	能通过的陡崖	边缘线细	黑
	围栏	单齿线	黑
	高围栏	双齿线	黑
V	岩坑	缺口朝上	黑
	山洞	缺口朝下坡方向	黑

当若干同类符号以某种有规律的排列方式来表示地物时，它们所反映的只是地物的性质和范围，并不代表地物的个数和精确位置。如表1-8所示。

表1-8　符号的排列组合

符号举例	符号名称	含　义
	墓地	成片的坟墓
	石块地	许多石块
	单向林	西北—东南方向可跑

某些地物，虽然它们的性质相同，但当它们的长度、宽度或直径不同时，图形特点将会改变——在一定条件下相互转化。这就说明，面状地物、线状地物或点状地物，虽然它们的符号在图上的区别是比较明显的，但在现地，除非具有足够的经验，否则就不易看出它们的区别。如表1-9所示。

表1-9　符号图形的转化

现地地物	转化条件	符号及其名称	图形特点
池塘	图上大于 1 mm²	湖泊	面状的
	现地直径小于 5 m	V 水坑	点状的
河流	现地宽度 5 m 以上	河流	面状的
	现地宽度 2 m～5 m	溪流	线状的

（四）定向运动地图地貌

地貌是地表的高低起伏状态，如山地、平地、凹地、谷地等。当然也包括一些附属于它的地物，如小丘、土崖、沟壑等。

定向地图采用等高线法表示地貌，能够熟练地应用等高线图形理解地貌对定向运动参与者来说是非常重要的。原因是定向地图上的所有要素都是建立在地貌的基础之上，并与地物形成各种关系。比如，地物的分布、比赛路线的方向和距离等都要受到地表起伏、变化的制约和影响，而且在地物稀少的地方及森林中，地貌就是主要的甚至是唯一的行进参照物，是参赛人最基本（概略定向的依据）、最稳定（现地变化最小）、最可靠（双脚随时能感受到它）的向导。

要想在野外充分利用定向地图上表示的地貌，必须首先弄懂等高线显示地貌的方法和学会运用等高线研究地貌的方法。

1. 等高线显示地貌的方法

（1）等高线的高程起算规定。1987 年以前，我国高程起算采用的是"1956年黄海高程系"，之后，改用"1985 国家高程基准"。

以国家规定的高程基准面为基准，高于该面为正，低于该面为负（负值前要加负号）。以该面起算的高程叫真高，也叫海拔高程或绝对高程。地物、地貌由所在地面起算的高度叫比高，它是相对高程的一种。起算面相同的两点的高程之差叫高差，如图 1-23 所示。

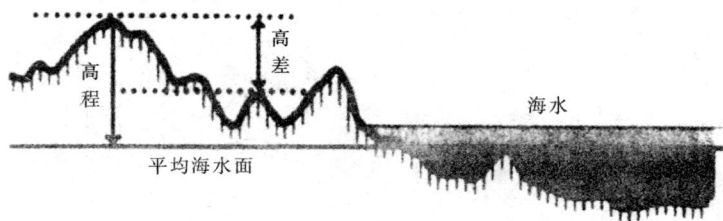

图 1-23　高程、高差和高程起算面

（2）等高线表示地貌的原理。设想把一座山从底到顶按相等的高度一层一层地水平切开（图 1-24），这样，在山的表面就形成许多大小不同的截口线，并随地貌的形态不同而呈现不同的弯曲形状。再把这些截口线垂直投影到同一平面上，便形成一圈套一圈的曲线，构成等高线图形。这些曲线的数量、形态完全与实地地貌的高度（差）和起伏状况相一致。

如果切割山体的每个水平截面都具有各自的海拔高度，那么我们就不难看出，等高线实际上就是由高程相等的各点连接而成的曲线。

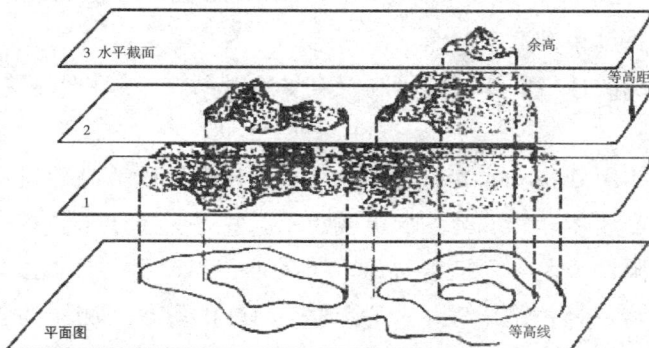

图 1-24 等高线和等高距

（3）等高线表示地貌的特点。

①在同一条等高线上各点的高程相等，并各自闭合。所以图上每一条等高线都代表实地一定的高程，并有准确位置。

②在同一幅图上，等高线多，山就高；等高线少，山就低；凹地则与此相反。所以，通过图上等高线的多和少，能判断出山的高低、凹地的深浅。

③在同一等高距条件下，等高线间隔密，实地坡度陡；等高线间隔稀，实地坡度缓。所以图上等高线的疏密变化可以反映实地坡度的陡缓。

④图上一组等高线弯曲形状与相应实地地貌形状相似。

（4）等高距的规定。等高距是相邻两个水平截面之间的垂直距离。等高距的大小在很大程度上决定着地貌表示的详略。等高距越小，等高线越多，地面表示就越详细；等高距越大，等高线越少，地貌表示得就越概略。由于实地地貌的起伏与切割程度的千差万别，适合显示平坦地区的等高距在显示山区时就可能会出现等高线密集甚至重合的情况；反之，适合显示山区的等高距在表示平坦地区时又可能会出现等高线过于稀疏的情况。同时，等高线的疏密还会影响到地图的清晰性和易读性，因此，国际定联对定向地图的等高距做出了专门规定，并要求将等高距说明印制在每张定向地图的显著位置上。例如，国际定联规定：定向运动地图的标准比例尺为 1 ∶ 15 000，等高距 5 m；在大面积的平缓地形上，其他地物又不多的情况下，也可以采用 2.5 m 的等高距，但不得在同一张图上使用两种等高距。假如上述标准比例尺及其等高距的地图还不够详细，也可考虑使用 1 ∶ 10 000 比例尺和其他等高距，但需经过国家定向运动协会的地图委员会批准。

（5）等高线的种类和作用。等高线有基本等高线、加粗等高线、辅助等高线三种。

基本等高线用 0.14 mm 的棕色线表示，并按规定的等高距显示地貌的基本形态。加粗等高线用 0.25 mm 的棕色线表示。它是为了便于计算高差，从平均海水面起，每隔四条基本等高线描绘一条的曲线，又称"计曲线"。辅助等高线用 0.14 mm 粗的棕色虚线表示，它是按约 1/2 的等高距测绘的曲线。它可以提供更多有关地表形态的信息。如图 1-25 所示。

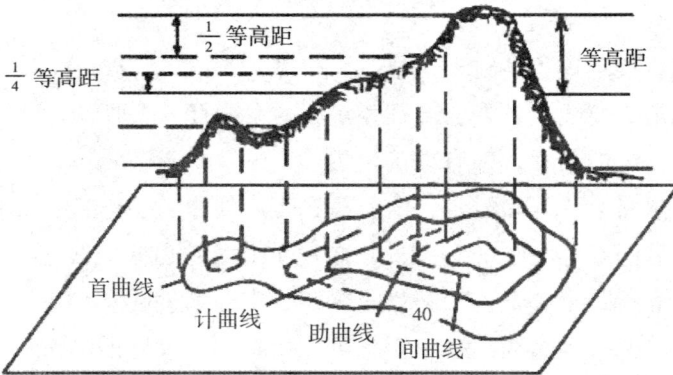

图 1-25　等高线的种类

（6）示坡线。示坡线是顺着下坡方向绘制并与等高线垂直相交的小短线。它通常绘在等高线最有特征的弯曲上，如山顶、鞍部或凹地底部，以及在读图困难、有必要表明下坡方向的地方。如图 1-26 所示。

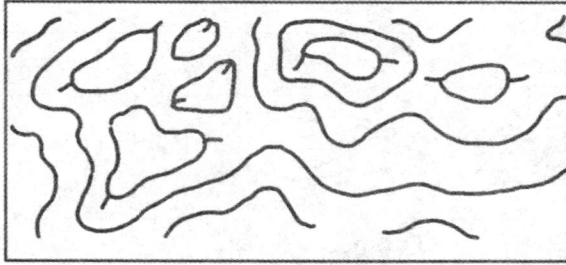

图 1-26 示坡线

（7）地貌的基本形态及识别。地貌的每一种形态都有一个独有的等高线图形。等高线上任一微小的弯曲都可以像符号那样，向我们表明地貌的特征。表1-10 表示了定向地图上常见的几种地貌基本形态及其等高线图形。

地貌形态千姿百态，多种多样，但它们都是由山顶、山背、山谷、凹地、鞍部、山脊等地貌元素组成的。不管地貌多么复杂，只要掌握了识别地貌元素的基本要领，即能识别各种地貌形态。

表 1-10 地貌的基本形态及其等高线图形

名　称	基本形态	图　形	简　注
山			用一组环形等高线表示，有时在其顶部最小环圈的外侧绘有示坡线
山背			从山脚至山顶的凸形斜面，是一组以山顶为准向外凸出的等高线图形
山谷			两山背间的凹形斜面，是一组以山顶（或鞍部）为准向里凹入的等高线图形
凹地			低于周围地面且无水的地方，通常在其等高线图形的内侧绘有示坡线

名　称	基本形态	图　形	简　注
鞍部			通常既是两上山脊的下端点，又是两个山谷的顶点
山脊			是若干山顶、山脊、鞍部的凸棱部分的连接线
台地			斜面上的小面积平缓地，是一组（或一条）向下坡方向凸出的等高线
山垄			斜面上的长而狭窄的小山背，是一条向下坡方向凸出的等高线图形
山凸			斜面上的短而狭窄的小山背，是一条向下坡方向凸出的等高线图形
丘			体积较小的，只能以一条等高线表示的小山包

①山顶。山的最高部位叫山顶。山顶依其形状可分为尖顶、圆顶和平顶三种。图上表示山顶的等高线是一个小环圈，环圈外通常绘有示坡线。顶部环圈大，从顶部向下等高线由稀变密，为圆山顶；若顶部环圈小，从顶部向下等高线由密变稀，为尖山顶；如果顶部环圈不仅大还有宽阔的空白，向下等高线变密，则为平山顶。

②山背。山背是从山顶到山脚的凸起部分。下雨时，雨水落在山背上向两边分流，所以最高凸起的棱线又叫分水线。表示山背的等高线以山顶为准，等高线向外凸出，各等高线凸出部分顶点的连线就是分水线。

山背依外形分为尖山背、圆山背和平齐山背三种。尖山背等高线依山背延伸方向呈尖状；圆山背等高线依山背延伸方向呈弧状；平齐山背等高线依山背延伸方向呈平齐状。

③山谷。山谷是相邻两山背之间的低凹部分。由于山谷是聚水的地方，所以最低凹入部分的底线又叫合水线。表示山谷的等高线与山背相反，以山顶或鞍部为准，等高线向内凹入（或向高处凸出），各等高线凹入部分顶点的连线就是合水线。

根据山谷横剖面的形状，分尖形山谷、圆形山谷和槽形山谷三种。尖形谷的横剖面是上部宽敞，底部尖窄，等高线图形为"V"形；圆形谷的横剖面是下部宽敞，底部近于圆弧状，等高线图形为"U"形；槽形谷的横剖面如同水槽，是上宽下窄的几何梯形，等高线图形为"口"形。

④凹地。比周围地面低下，且经常无水的地方叫凹地。表示凹地的等高线是一个或数个小环圈，并在环圈内通常绘有示坡线。

⑤鞍部。鞍部是相连两山顶间的凹下部分，其形状如马鞍状。

⑥山脊。山脊是由数个山顶、山背、鞍部相连所形成的凸棱部分。山脊的最高棱线叫山脊线。地形图上，依山脊线上诸山顶、山背和鞍部的不同形态，可以判断山脊的宽窄与坡度的大小，以及翻越鞍部的难易程度。

2.利用等高线研究地貌的方法

（1）地貌起伏的判定。学会判定地貌的起伏是对利用等高线研究地貌的最起码的要求。判定地貌的起伏也就是判定现地地貌的斜坡方向，因此开始训练识别等高线时，首先就应该注意学会利用示坡线、标高点、河流、等高线注记和图形等快速判明斜坡的升降方向。如图 1-27 所示。

——利用示坡线判定：
顺示坡线方向，下坡；逆示坡线方向，上坡。

——利用河流谷地判定：
沿河流（谷地）方向时：向河源，上坡；背河源，下坡。

横向河流（谷地）方向时：向河源，下坡；背河流，上坡。

——利用等高线注记判定：
朝字头方向，上坡；朝字脚方向，下坡。

——利用等高线图形判定：
山背、山垄等地貌隆起部分的等高线图形，其凸出的部分总是朝下坡方向；而山谷、洼地等的图形则相反，总是朝向上坡方向。

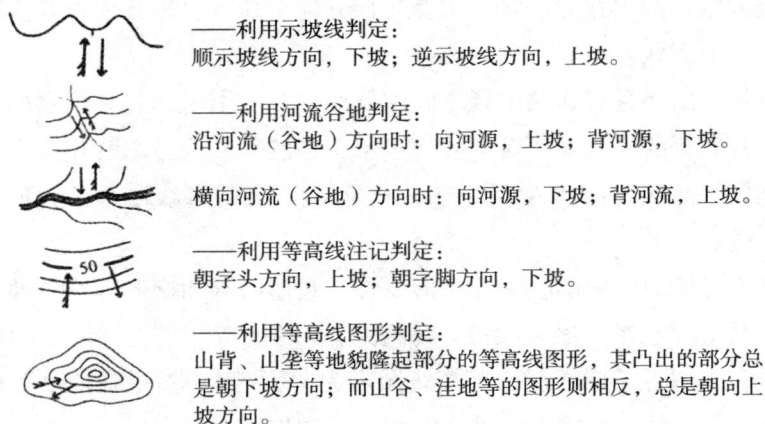

图 1-27　地貌起伏的判定

另外，山的等高线图形一般山脚处较疏，山的中上部则较密。因此，上坡方向就是等高线图形由疏变密的方向，下坡方向就是等高线图形由密变疏的方向（在中国和大部分亚洲地区基本如此）。

（2）高程和高差的判定。高程判定是判定地面上某点的海拔高度；高差判定是判定地面上某两点的海拔高度之差值。判定高程和高差都要依靠图上的高程注记和等高线。

①高程判定：某点在等高线上，它的高程就是该等高线的高程。

某点在两等高线之间约 1/2 处，它的高程就等于下面那条等高线的高程加上半个等高距。如图 1-28 中的巨石，高程约为 137.5 m。

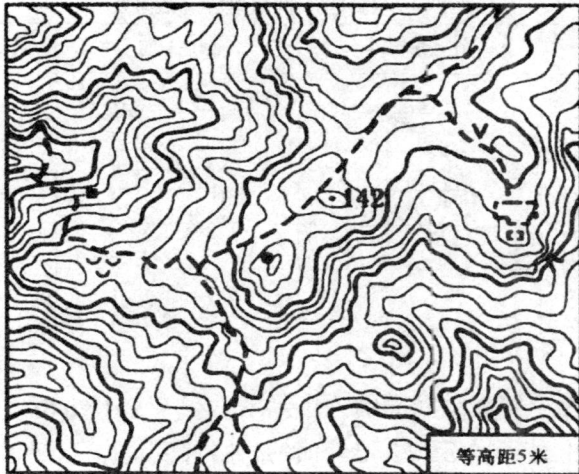

图1-28　高程和高差判定

用同样的方法，可以估算出位于两等高线之间约1/3、1/5或其他位置上的任意点的高程。

需要说明的是，在定向运动的比赛中，判定高程是没有多大意义的。对参赛者来讲，判明自己距离参照物之间的高差才有实际的作用。

②高差判定。学会了上述判定高程的方法，判定高差就变得较容易了。

当两个点位于同一斜面上时，只要数一下等高线的间隔数量（乘上等高距），并加上余高，即可求出两点间的高差。

当两个点不在同一斜面上时，先分别求出它们的高程，然后用大数减去小数，也就求出了两点间的高差。

（3）斜面形状和坡度的判定。判定斜面形状和坡度在定向运动比赛中的作用主要是可以帮助参赛者避开消耗体力过大的地形。同时，特征明显的地貌斜面形状又是良好的行进参照物。

根据等高线显示地貌的原理，利用最简单的方法——目估法判定斜面形状和坡度是可能的。

斜面形状可根据等高线图形的疏密变化直接判定，如表1-11所示。

表 1-11 斜面形状及其等高线图形

等齐斜面	凸形斜面	凹形斜面	波形斜面
间隔均匀	下密上稀	下密下稀	时密时稀

坡度要根据图上等高线间隔的大小判定。在 1：15 000 万，等高距为 5 m 的标准定向地图上，可按下式求出斜面的概略坡度：

$\alpha = 19° \div d$

α = 坡度，d = 图上两条相邻等高线的间隔（单位：mm）

几个常见尺寸相应实地的坡度（近似值）：

2 mm 为 9.5°；1 mm 为 19°；0.5 mm 为 38°。

注意：此方法在 d 值小于 0.5 mm 时不宜采用。原因是 d 值越小，估算坡度的误差就越大。

（4）地貌结构的判定。学习判定地貌的结构，也就是要学会综合、完整地了解一定区域内地貌的相互关系和位置的方法。熟练地掌握地貌结构的判定方法，这对定向比赛中灵活自如地运用"概略地形"的技术很有帮助。

判定地貌的结构首先应利用图中明显的标高点、河流、谷地等，概略判明区域的总的升降方向并弄清楚大的地貌的起伏、分布规律，然后，将主要注意力放到弄清楚地貌的结构线（如山脊线等）、特征线（如坡度变换线等）和特征点（如山顶、鞍部等）的平面位置和高度、坡度的比较上。

为了学会地貌结构的判定，在学习期间，可以运用粗细不等的实线和虚线、圆圈、"×"等，在图上分别标出大小等级不同的山脊（山背）、山谷、山顶和鞍部，借此建立对地貌结构的基本概念，并由此分析研究它们对运动的影响。

（五）定向运动读图规则和应注意的问题

1.读图的一般规则

（1）完整、正确地理解定向地图。定向地图不是地面客观存在的机械反映，它是制图人采用综合、概括、夸大、取舍、移位等制图方法完成的。因此，图上物体的数量、形状、大小、精确位置等与实地并非总是完全一致的。

例如，在多种地物聚集的地方只表示了对运动有价值的地物，其他地物通常不表示或有重点地选择表示；山背上、河岸边的细小凸凹，图上不可能全部表示，仅表示出了它们的概略形状；公路、铁路等线状地物，其符号的宽度是夸大了的。地图比例尺越小夸大程度越高，这必然引起线状地物两旁其他符号的移位，因此这些符号的位置就不可能十分精确。

（2）有选择地了解地图的内容。读图时不能漫无边际什么都看，而应有选择地把注意力集中在与解决如何定向和越野跑问题有关的地域和内容上。可以先综合扫视一下图上的比赛地域，而后确定需要重点考察的内容，进而获取需要的信息。

（3）对各类符号进行综合阅读。不能孤立地看待地物或地貌的单个符号，而应将它们与地貌和其他地形要素联系起来阅读。这就要求我们不仅要了解它们的性质，还要了解它们之间的方向、距离、高差等空间位置关系，从而明确这些要素对比赛的综合影响。

（4）注意读图与记图的关系。读图时，要边理解边记忆，对在比赛中可能有助于判明方向与确定站立点的各种要素更应如此。有效的读图应转变为这样一种能力：比赛中不必过多而频繁地查看地图就能在自己的意识中清楚地再现从图上得到的信息，并根据自己的记忆快速而准确地确定自己在图上的位置、下一步的运动路线和方向。

（5）考虑现地的可能变化。虽然定向地图的测制十分强调现势性，但人工或自然的原因造成地形变化是不可避免的，有时甚至是十分迅速的。因此，读图时必须根据图廓外注明的测图时间，考虑图上表现内容落后于现地变化的可能性。一般测图时间距离使用时间越久，图上与现地之间的差异就会越大。

2.读图时应注意的几个问题

（1）利用等高线判读地貌起伏时，必须是一组等高线才能进行判断，单凭一条等高线很难判定地貌形态。

（2）由于等高线之间有一定距离，所以它就无法表示出两条等高线之间的地形变化，这就使一些微小地形遗漏在两条等高线之间，因此地图与实地就不可能一模一样，甚至有一些山顶和鞍部的点位以及高程无法准确判读。

（3）在地形图上，有时可能出现局部地区等高线图形与实地不符的情况，此时，应根据附近等高线图形和其他地形特征进行综合分析，以得出正确的判读结果。

（4）等高线表示地貌缺乏立体感，只有多判读，反复实践，才能掌握判读技能。

四、指北针

与读图的重要性相比，指北针只是一种辅助读图和导航的工具。指北针的应用必须建立在读图的基础上。

（一）定向运动指北针的基本介绍

定向指北针的作用是为运动员批示方位和标定地图，它与定向地图配合能起到辨别和保持运动方向、确定检查点的位置的作用。定向指北针的种类很多，目前国际上已有几款久经考验的定向专用指北针，国产或合作生产的也陆续上市。它们基本上被分为两类：基板式与拇指式。虽然它们的外形稍有差异，但结构基本相同。其特点如下：一是采用全透明有机玻璃制成，使用方便，可以透过指北针看清地图内容，大都还配有直尺刻度、放大镜等，便于运动员测算距离；二是指北针的灵敏度和稳定性都很好，非常适合在运动中使用；三是配有携带绳或紧固带，能很方便地系在手腕或手指上（图1-29）。

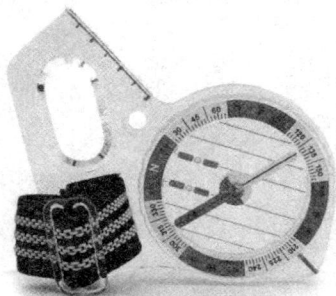

图1-29 拇指式指北针

定向运动最重要的仪器就是人的大脑。然而，找到正确方向最有用的工具是指北针。它是定向运动可使用的唯一合法工具。指北针的最重要用途是帮助我们标定地图，克服定向技能的不足。在定向运动中，定向技能不好的话，在奔跑中就会偏离正确的方向，若不及时纠正就会偏离得越来越厉害。如果经常不断地使用指北针检查我们的方向，我们就能避免许多重大错误（如有时定向运动选手会偏离方向进入一个完全错误的谷地中）。

（二）指北针的使用

定向运动中指北针的作用有两个：一个是标定/正置地图，另一个是确定或校正前进的方向。标定地图的方法也有两个：一个是利用现地进行标定，另一个是利用指北针标定。

运动员常出现的错误是，学会用指北针后就忘记或放弃了用现地标定地图的方法，过分地依赖指北针。实际上，在比赛中两种方法常常同时应用，应在不同的情况下使用不同的方法或两者综合应用。

在有明显特征物的情况下，特别是在有线型特征物的情况下，使用现地标定地图更有效，可同时确定自己的站立点，而指北针仅仅能标定地图而已。在复杂的丛林中穿越时则主要依靠指北针来标定地图，但这时还要利用地图仔细地确定站立点，否则即便正确地标定了地图，但站立点错了，在比赛中仍然会犯严重的错误。

使用指北针定向时指北针的蓝箭头、自己的鼻尖要指向要去的方向，蓝箭头压住下一个检查点的圆心，然后转动身体，使红针指向磁北线方向。选定方向后，要利用正前方的特征物来引导前进，在有特征物的情况下，避免长时间使用指北针定向。

用指北针标定地图定向时，当绕过障碍物，如灌木丛、浓密的植被、沼泽、小山等后，必须重新标定地图。

在定向运动中指北针的使用要点如下。

（1）指北针的主要作用是标定地图和确定前进方位。

（2）用指北针确定前进方位时，应该确保指北针正好位于身体前方正中线位置。

（3）读指北针时应该确保指北针呈水平位，并在磁针稳定后再进行判读。

（4）如果要沿着前进方向穿越特征稀少的开阔地，仅依靠指北针很容易偏离航向，应该在用指北针确定前进方位的同时，沿着前进方位向前看，尽量利用前进方向上的可视目标来导航，减少对指北针的依赖。

（5）在使用地图就可以进行导航时，不要使用指北针。这时使用指北针反而可能降低行进速度。

（6）在以下情况下，特别适合通过指北针来辅助读图。

①读图技能差，需要掌握好方向才能沿着正确的路线行进时。

②实地中特征或"扶手"很少，如在旷野中、平坦的地形中、长而平缓的坡地中。

③在浓密的植被、不良的气候（雾和雨）和阴天林地等通视度不良的环境中。

④长路段穿过相似特征（小路，山凸，山凹）多的地域，不想降低速度来判读每个特征时。

⑤短路段或离开攻击点前往检查点的最后一段路程上：地图上细节很少，需要掌握好方向时；地图上细节太多，判读每个细节可能使速度下降时。

五、其他装备

（一）服装

对于初学者来说，参加定向运动对服装并没有特殊的要求，如参加校园和公园定向时，穿着只要舒适和便于活动就可以了。但如果要参加野外定向，为了安全，参加者的双腿应受到保护，如穿长裤或类似的服装，如有可能，最好选择专业的定向服装。

（二）鞋子

选择一双轻便舒适的运动鞋来参加定向运动是非常必要的，当然，随着运动员的定向技能不断提高，穿一双性能优良的专业定向运动鞋也是一个不错的选择。

第二章 定向运动的技术体系

第一节 距离判断

一、距离判断技术

距离判断技术是指在定向运动过程中，根据不同地貌，在不同的运动速度下对行进距离进行判断的技术。距离判断在定向运动中是一项重要技术，距离判断的准确性取决于运动的积累，在不同地貌上进行定向奔跑需要不同的距离判断技术。距离判断技术分为四类：步测技术、视像预计技术、时间判断技术、比例尺和目测技术。本节主要针对步测技术做详细的论述。

步测是一种估算距离的有效方法。具体方法很简单，即数你走步时每次右脚（或左脚）落地的次数，到达目标点的距离即可根据（按）步数乘步幅算出。每个人的步幅大小是不一样的，并且在不同的地形上行走时，同一人的步幅大小也不一样。

步幅大小的确定选择一块"一般"的林地，借助指北针，在两个明显地物间（如图中的两条道路之间）作直线行进，记下你走完这段直线距离所用的步数；同时在图上用尺子量出这段距离的长度，根据比例尺计算出实际距离。你就可以很容易得出每行走 100 m 你所需的步数。

例如，图 2-1，实际走完这段距离所用步数为 175 步；图上量测出的实地距离为 390 m，175 ÷ 3.9 ≈ 45；即你在"一般"林地中每走 100 m 路程需用约 45 步。在不同地形条件下，再测几个这样的数据，平均后，即可作为你的"步幅"大小的依据。

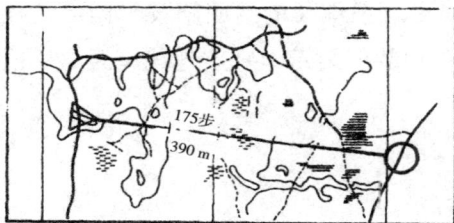

图 2-1 步测实例

二、步测工具

如何较好地借鉴一些辅助工具来测算距离成为实际定向训练中不可缺少的一环。我们可以借助指北针上的刻度尺、手指的宽度、指关节的长度、步幅尺等来计算。下面介绍指北针和步幅尺的使用方法。

（一）指北针的使用

如果想从精确的方向到达检查点，就必须熟练掌握使用指北针标定行进方向的技能，同时能用步测法大概估算行进的距离。将拇指指北针的直尺边放置在图 2-1 上站立点和目标点（检查点）之间的连线上，将指北针的读图箭头压住检查点。根据直尺边的刻度、地图比例尺，很容易算出站立点到检查点（图中的石块）的距离。标定地图的方位后，沿直尺边（即读图箭头所示方向）根据量算的距离，步测到检查点。这种定向（查找检查点）的技能适合于图中可判读地物稀少的路段使用。

若将拇指指北针放在 1：15 000 比例尺地图上，拇指指北针直尺边上的一格分划相当于实际距离 100 m，站立点到检查点的距离约为 200 m，因此对于 100 m 需走 45 步的人而言，从站立点到检查点大约需走 90 步。

这种定向的要领可归纳为以下几点：①用拇指指北针的读图箭头压住检查点；②指北针的直尺边紧贴检查点与站立点连线；③根据刻度计算站立点到检查点的实地距离；④根据实地距离和步幅计算步数；⑤标定地图方位；⑥沿直尺边所指方向，按步数接近检查点。

（二）步幅尺的使用

步幅尺的规格有 35 ～ 54（每走 100 m 所用的步数）不等。每个人可根据自己的步幅，选用相应的步幅尺。

如图 2-2，步幅尺由一条细长的透明塑胶带做成，在其一端印有步数和比例尺数值，尺上刻的分划数值表示走完实地相应距离所需的步数。

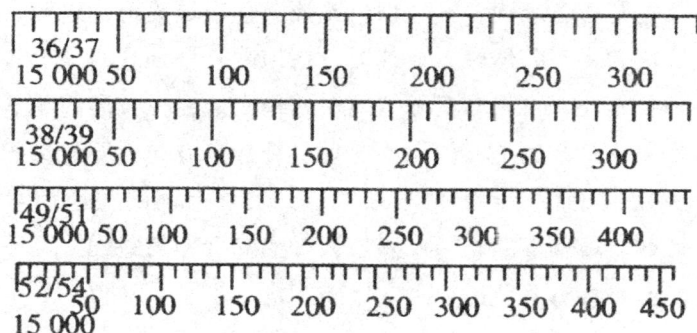

图 2-2 步幅尺

这种步幅尺可方便地贴在指北针直尺边上，如果想让指北针直尺前端的读图箭头不被遮挡，可以将步幅尺裁去一段。这种估算距离的方法既快又方便。步幅尺按定向地图比例尺不同，又分为 1：10 000 和 1：15 000 两种。

注意：选用步幅尺时，一定要根据自己的步幅和定向地图的比例尺来确定使用哪种规格的步幅尺。

第二节　行进路线的选择

选择运动路线必须考虑两个问题：①什么才是最快的路线？②什么才是最安全的路线？最安全的路线不一定是最快的路线，但是最快的路线一定是比较安全的路线。选择安全的路线是保证选择出最快路线的一个基本前提。沿直线方向前进不一定是最快的、最好的路线选择。在定向运动中，选择合理的运动路线是非常重要的。选择运动路线应遵循以下三条原则。

（一）选近不选远

在定向运动中，遇到地形起伏不大且空旷的原野和草地、可通行的沼泽地、树木稀疏和树木下面空旷可跑等地域，可以选择直接越野的方法。这样可以缩短路程，节省时间和体力。

选择越野路线首先应在确定好运动方向的前提下认真地分析地图，仔细地观察实地的地形，充分利用地图和指北针，把握好运动方向和运动路线。查看分析定向运动竞赛彩色地图，一般白色或浅黄色区域为可跑地域，应选择直接越野。黄色区域为半空旷地域，要认真分析地图，仔细观察地形，确认直接越野的可行性和可靠性。可根据实际情况，选择实地目标方向的明显地貌或地物作为参照物定向越野。实地目标点不可见且目标点方向无明显参照物时，也可以利用指北针定向越野，同时估量站立点到目标点间的实地距离。实际应用时，第一要把握好运动方向，第二要把握好实际奔跑的路程。

（二）有路不越野

道路是人们在社会实践中，为了相互交往和便利交通而修筑的和自然践踏形成的。所以道路相对便利、平坦好行，且安全可靠。加之定向运动竞赛地图现势性强，道路表示详细，利用道路有利于图、地对照。在道路上运动易于明确实地站立点在地图上的位置，不易迷失方向，在定向运动中，利用道路奔跑既省时又省力。在利用道路时，应根据实际情况仔细查看地图，以便分析地形，充分合理地利用道路。查看分析定向运动竞赛彩色地图，若要穿越绿色不可通行区域，若有道路应充分利用道路。翻越高山峻岭或跨越深沟宽河时，若有道路也应首选道路。在运动中若有多条道路可选，应仔细查看地图分析地形，弄清各道路的走向和下段路程的连接点，比较它们的路程距离等，选择快捷、省力的最佳运动道路。在定向运动中，还应学会利用地图上（因制图等原因）未标注的山间小径，合理地利用这些小径将会获益匪浅。

分析判断实地山间小径分布的方法走向如下。

（1）若房屋（或村落）在山体同侧时，相连小径沿山脚为走向；在山体两侧相连，小径多以就近鞍部翻越山体。

（2）山背上若有小径，则小径多以分水线为走向。

（3）山谷中若有小径，则小径多以合水线为走向。

（4）若实地站立点处于某小径，且附近有大路，则小径可能与大路某处相连。

（5）若实地站立点处于某小径，且附近有牧区、砍伐区、农田、湖泊、池塘等，则小径可能与这些生产作业区相连，从独立房到池塘，总是一定有小路相连，尽管在图上没有显示。

分析判断实地山间小径的存在要慎重，要把地图分析与实地观察结合起来，确保做出正确的判断。

（三）仔细读图，综合考虑

在定向运动中，由于竞赛的要求，组织者一般都选择地形较复杂的地域作为竞赛场地，定向运动路线多为蜿蜒曲折的运动路线，很少有直接抵达目标点的运动路线。加之地表的地形本来就千姿百态，运动途中不时会遇到高峻的险峰、陡峭的山崖、深险的冲沟或穴洞、宽深的江河或沟渠、辽阔的湖泊和大水塘等难以逾越的障碍。所以，在定向运动中，要求运动员充分地利用地图和指北针，仔细地分析地图，判定地形，确定正确的运动方向和运动路线。在前进的道路上遇到大的障碍时，最好不要采用先抵达大的障碍物或在穿越障碍途中发现难以通行再走回头路的做法。这样不仅浪费时间浪费体力，有时还可能发生意外事故。在前进的道路上遇到大的障碍时，应提前做出判断和选择，遇到大的难以逾越的障碍时要分析利弊，选择最佳的迂回路线，提前绕行。

第三节　重新定位

一、重新定位概述

重新定位指在迷失站立点后通过标定地图、路线回忆、安全方位和重新定位特征等重新确定站立点的技术。发现迷失站立点后，首先要做的事是停下来旋转三百六十度观察周围环境的特点，标定地图，进行回忆和思考。重新定位时需要思考和回忆的主要问题有以下几点。

（1）经过的路线的步测距离与地图上的距离是否一致？

（2）是否在易跑路段发生了方向偏移？在此之前经过了哪些特征地物？

（3）在地图上能够明确确定的最后位置。

（4）目前能看到的最显著特征是什么？

如果得到的结论不能解决重新定位问题，则应该检查地图，然后跑向最近的显著特征，在显著特征处通过标定地图进行重新定位。迷失后必须牢记的一点是在迷失的地方漫无目的地搜索将会耽误更多的时间。

二、重新定位练习

（一）"跟我来"练习

目标：发展练习者的重新定位能力。

方法：

（1）选择一块具有较多特征的地域，在地图上设计好检查点及其代码，并在实地上设置好检查点。

（2）利用 OCAD 软件将地图分割成一张张只有一个检查点的单点地图。

（3）指导者带领练习者到达图上任意位置处，然后将单点地图分发给练习者。

（4）练习者持图出发寻找检查点，完成任务后回到起点。

（5）改变出发点重新开始练习。

练习提示：

（1）指导者应该提醒练习者在前往出发点的途中注意观察、记忆周围的特征。

（2）为了加大难度，出发点可以设置在没有明显特征的地方。

（二）双人重新定位练习

目标：发展重新定位的能力。

方法：

（1）设计一条每个检查点周围约 50 ～ 100 m 范围内有一个攻击点的路线，并在地图上标出这个范围。

（2）两人一组同时出发，其中一人持地图。

（3）持地图的练习者 A 带领练习者 B 到达地图上的攻击点（地图上的紫红色方框处）。

（4）在攻击点练习者 A 将地图交给练习者 B，由练习者 B 重新定位并寻找检查点。

（5）练习者 B 持图带领练习者 A 到达下一个攻击点，由练习者 A 重新定位并寻找检查点。

（6）依此轮流进行练习完成整条路线。

练习提示：两人在途中可以互相讨论。

三、错误预防与纠正

（一）在第一个路段上迷路

错误原因：出发前的准备工作不足，没有正确执行出发程序。

纠正方法：出发前做好充分的准备工作，执行正确的出发程序，建立良好的比赛节奏。

（二）无法重新定位

错误原因：跑出地图范围；导航特征选择错误；心理压力大，不能集中注意力。

纠正方法：对行进路线进行仔细回忆；选择正确的导航特征；调整心理状态，集中注意力。

第四节　检查点捕捉

在不同的情况下应选择使用不同的定向技能，且定向运动中经常交替、混合使用。下面几种定向技巧值得学习。

一、精确定向和概略定向

精确定向是利用野外复杂地物地貌进行定向的技能，通常在短距离的路段或长距离路段的最后部分使用。在实施精确定向技能时，一方面选手通常可以借助指北针仔细瞄准目标方向前进，并只需要判读预定直线方向的地物地貌，读图相对容易些；另一方面，由于实施精确定向技能的区域的地貌一般较为细碎复杂，读图的地形范围较小，而要求选手集中注意力和分析思考就限制了奔跑的速度。通常用步测结果确定行进距离。在地物地貌很细碎的地域行进很容易偏离预定的行进方向，必须仔细瞄准方向，尽可能地读出周围必要的地物，从图中量出实地从站立点到检查点的距离，并用步测估算出行进的距离。

概略定向就是利用野外的地物地貌朝着大型特征点，或沿明显特征（线状地物地貌）进行定向的技能。使用该技能时选手可以对图上的地物地貌进行简化处理，忽略细碎的不重要的地物地貌，只需留下一些突出的大的对定向有用的地物地貌特征。在这个阶段，需要边奔跑边读图，同时不断调整地图的方位，并看清前方地形，注意身体两侧的地形特征，留心地形细部特征，但不要把时间浪费在核实地形上。

二、偏向瞄准

在向线状地物或线状地物旁边的检查点或目标点前进时，有意偏离目标，向目标的一侧前进，到达线状地物后，再朝一个明确的方向前进到达检查点，从而可避免在到达线状地物时影响前进速度。要注意的是在出发前，必须明确是向左还是向右偏，如果是向左偏，那么到达线状地物后应沿线状地物右行。

三、选择攻击点

攻击点是在检查点附近，通常在检查点四周约 100～150 m 范围内的一个明显的、运用概略定向即可到达的特征。到达这一点后，应该开始运用精确定向技术向检查点前进。选择路线时，通常先选择一个攻击点，然后再由攻击点出发"捕捉"检查点。在一些初级的定向赛事或活动中，检查点本身就具有攻击点的性质。攻击点必须是容易辨认的，如高塔、小路交叉、池塘、建筑物等。

四、拇指辅行法

先将地图折叠，把拇指放在地图上的站立点，再正置地图，这样，从站立点到目标点的区域就在拇指附近。利用拇指辅行法的优点在于方便运动途中读图，走到哪里，拇指随即指向哪里，即人在实地走，"指"在图上移，这样能随时知道在图上的位置，既节省读图时间，又能随时保证运动方向正确。

五、数步测距

先在地图上估算两点的距离，然后利用步幅测量要走的路程。方法：先测量 100 m 我们所需要步测的步数（设 120 步），当在图上量出 A 点到目标的距离是 150 m 时，便可以算出我们应走 180 步。要记住，走到 180 步时要停下来仔细读图，进行精确定向到达目标点。

第三章　定向运动训练

第一节　定向运动训练概述

定向运动训练是根据定向运动的特点，在教练员的指导下，为不断提高定向运动员的定向技能、身体素质、心理素质、智能水平，以获得最佳竞技水平，取得优异的比赛成绩，而专门组织的一种教育过程。

定向运动不仅要求定向运动员具有一定的读识地图的能力、熟练准确应用地图的能力，还要求定向运动员具有一定的奔跑能力。所以，识用地图的能力和定向运动专项的身体素质是定向运动员掌握定向运动技术和提高定向运动成绩的基础。提高定向运动员的智力，培养定向运动员顽强的意志，是完成定向运动训练任务和取得竞赛胜利的重要因素。此外，定向运动员还应掌握定向运动的运动方法、奔跑技术和机动灵活的战术。因此，定向运动员只有经过正规系统的训练，才能达到预期的目标。

定向运动训练与其他的体育运动训练有一定的相同之处，但定向运动的特点又使定向运动训练与其他体育运动项目有着许多的不同之处。

一、定向运动基本知识的学习与练习

（一）内容

地图、指北针基本知识的学习：地图比例尺、地貌符号、地物符号、地图方位与磁北方向线、地图颜色、图例注记、指北针结构及应用、测量地图两点间距离及实地距离换算。

地图与指北针在定向运动中的应用：实地判定方位、标定地图、对照地形、判定地形、确定运动点（站立点、目标点）、确定运动方向和运动路线。

（二）方法

（1）采用理论课教学、电化教学手段：进行专门的地图、指北针基本知识的学习，以及地图和指北针在定向运动中应用的方法和技能的学习。

（2）进行专门的读识地图训练：辅助法读识地图，直接法读识地图。辅助法读识地图是利用在定向运动地图上以明显颜色画出的地貌骨架，以及明显地物位置读识地图，分析山脊走向、山背的分水线、山谷的合水线、山体的明显突出部位及其形状，分析明显地物的种类、形状以及与假设站立点的方位关系等。直接法读图就是不绘出地貌或地物的明显特征，而直接读识地图，分析地图上的地貌、地物的特征。最好在地图上标绘出定向运动的出发点、检查点、终点等，分析其周围的地形特征，结合定向运动需要进行读识地图的学习和练习。

（3）实地对照地形：采用从理论到实践和从实践到理论的学习方法。从理论到实践，即先读识地图，再到实地对照地形，检验读识地图的准确性；从实践到理论，即先到实地分析实地站立点周围地形，再分析地图，找到实地站立点在地图上的位置，并分析地图站立点周围地形，与实地的地形进行对照，确认分析对照的准确性。

（4）实地学习判定方位：根据自然现象和指北针判定实地方位，掌握地图（上北下南、左西右东）方位与实地的关系。

（三）组织

（1）以定向运动理论知识和运动技能、技术学习为主，教练员辅导与运动员自学相结合，教学相长。每次进行理论分析后，运动员都要进行实地考察验证，可在教练员带领下进行分析验证，也可由自己独自验证，最后由教练员认定，有的放矢地进行辅导。

（2）定向运动的基本运动技能、技术学习以及提高身体素质的练习与定向运动理论知识学习相结合，穿插安排，理论与实践相结合。

二、基本定向技术训练

（一）内容

（1）标定地图。

（2）定向运动的两个基础技能：明确实地方位、明确现时图地站立点。

（3）确定运动路线的三条原则：有路不越野、选近不选远、通观全局提前绕。

（4）定向运动三种基本运动方法：依点运动法、沿线运动法、指北针定向运动法。

（5）寻找检查点的方法：定点攻击法、偏向瞄准法、距离定位法等。

（二）方法

（1）标定地图：已知实地方位，使地图方位与实地方位保持一致（实地进行操作练习）。指北针标定：实地操作指北针标定地图。地貌、地物的点（线）标定：实地学习与练习以明显的点（线）状地貌或地物作为参照物，采用点（线）标定的方法标定地图。

（2）对照地形：在明确现实地站立点在地图上的位置的情况下（可由教练员指明），分析地图对照周围地形；在现实地站立点在地图上的位置不清楚，但大概范围清楚的情况下（可由教练员指明），分析现实地站立点的周围地形，确定现实地站立点在地图上的位置。

（3）判定地形：以教练员在地图上所设立的检查点为中心，分析判定周围地形，抵达实地再进行图地对照，验证判定地形的准确性。

（4）确定站立点：在图地都有的明显地貌或地物的地域时，以直线相交法确定现实地站立点在地图上的准确位置；现实地站立点在线状的地貌或地物上时，以截线法确定现实地站立点在地图上的准确位置；在周围视野不好的地域时，采用指北针定向法确定现实地站立点在地图上的准确位置。

（5）确定目标点：地图站立点与目标点已标绘在地图上，实地站立点与地图站立点吻合（可由教练指明），要求运动员在学习和练习中掌握确定运动方向的方法，以及确定运动路线的三条原则。

（三）组织

学习掌握定向运动的基本技能、定向运动的三种基本运动方法、寻找检查点的三种基本方法。这一阶段除了进行一般身体素质训练外，还要加大定向运动专项身体素质训练（包括速度、耐力、运动节奏、力量等）。同时，要加强对运动员智力的开发，培养运动员机智灵活、独立果断处事的能力，加强思想品德教育，培养其吃苦耐劳、勇于克服困难、开拓进取的优秀品质。

三、定向技能的巩固、发展和提高

（一）内容

复习巩固地图和指北针的基本知识和应用能力，掌握定向运动的两个基础技能、确定运动路线的三条原则、三种基本运动方法，改进长距离跑和越野跑的运动技术，发展力量、耐力和速度，保持和提高身体全面素质水平；发展果断灵活的智力，培养顽强拼搏的良好意志品质。

（二）方法

（1）设置多个检查点进行分段运动法的学习与练习：设置检查点6个、8个、10个等，检查点间距离300～500 m；地形选择要由易到难。分段运动法是初学者必须经过的阶段。在这个阶段，练习者必须把确定运动方向、确定运动路线三条原则、各种基本运动方法等，机动、灵活、准确地应用于定向运动的整个过程中。在学习与练习前，练习者要认真地逐段分析研究运动方向和运动路线；在学习与练习后，还要认真检查总结完成的情况，从而不断提高分段运动的能力。

（2）设置多个检查点进行连续运动法的学习与练习：设置检查点4个、6个、8个等，检查点间距离300～500 m；地形选择要由易到难。连续运动法是一般参加定向运动竞赛的运动员应掌握的常用运动方法之一。连续运动法要求接近检查点时应放慢奔跑速度，这样便于读识地图、分析地形，有利于寻找检查点，离开检查点时应迅速，这是定向运动战术的需要，主要是为了避免为他人提供借鉴。在连续运动法的学习与练习阶段，要求运动员逐步做到运动中快速识图、准确判断，逐步减少运动途中读识地图的次数，以提高奔跑速度。

（3）设置多个检查点进行记忆运动法的学习与练习：设置检查点2个、4个、6个等，检查点间距离300～500 m；地形选择要由易到难。记忆运动法是节省运动途中读识地图的时间，争取定向运动竞赛好成绩的有效方法之一。在记忆运动法的学习与练习阶段，要求运动员逐步掌握记忆运动法的窍门，记住沿途具有明显特征的地貌或地物以引导运动，逐步做到一次性能记忆更多检查点，从而完成运动路程，提高定向运动竞赛成绩。

（4）定向运动全过程的轻量训练：进行设置检查点少，检查点所设位置明显易找，运动距离不长，地形难度也不太大的定向运动全过程的训练，主要目的是让运动员学习掌握定向运动全过程各个阶段的定向运动技能与技术。要求运动员确定运动方向准确，选择运动路线合理，寻找检查点准确快速，运动体力分配合理，完成整个运动任务准确快速。训练安排可根据训练情况，逐渐增加检查点数量，逐步增加距离和难度，从而提高定向运动竞赛的适应能力。

（5）定向运动全过程的超量训练：以较大难度，超距离（一般控制在竞赛距离的20%）训练为主，即检查点设置增多，且检查点的设置位置寻找难度加大，运动地域地形也较复杂，运动距离增长，采用定向运动技术难度较高，运动量较大的强化训练。主要目的是让运动员适应定向运动竞赛紧张、激烈、竞争的环境和气氛，适应定向运动竞赛地形复杂和长距离竞赛的要求。在训练中，要求运动员完成整个任务既准又快，培养运动员顽强的意志品质，为运动员在以后的竞赛中取得好的运动成绩打下良好的基础。

（6）定向运动竞赛的模拟训练：即以定向运动竞赛形式进行训练。无论是在检查点设置的数量上，还是检查点之间的设置距离和寻找难度上，以及在全赛程的距离、地域环境上，尽量与竞赛时相似。为了保证运动员在训练时能适应真正的竞赛环境，模拟训练要安排在不同的地域环境、不同的气候条件下进行，以适应可能出现的地域环境和气候条件下的定向运动竞赛。

（三）组织

（1）每次的模拟训练都应保证在不同的陌生地域进行，同时也应安排在一定的气候下进行，这样既熟悉了竞赛时可能发生的气候变化，又锻炼了其意志品质。

（2）按照定向运动竞赛的要求进行训练，每次训练都要规定每个运动员完成全赛程的允许耗时。每次训练完后，教练员应进行讲评总结，找出差距，寻找出解决的办法，从而不断提高运动员的定向运动水平。

（3）根据每个运动员的具体情况和定向运动训练水平，教练员要制订不同的训练计划，规定适宜的训练指标和参加竞赛的成绩要求。

（四）恢复时期的调整

经过激烈的定向运动竞赛后，定向运动训练进入过渡阶段的恢复调整时期。这一时期的主要任务是保持定向运动训练水平和内脏器官系统的工作能力。首先，进行本次定向运动竞赛总结，制订下一竞赛阶段的训练计划；同时，在体力上进行必要的调整，安排一个积极的休息训练阶段，适当减少一些训练次数，降低一定的运动量和运动强度，改变训练环境和训练方法。这一时期，以全面发展运动员的身体素质，改进定向运动技能、技术为主要内容，可以安排适量的球类、体操等一些娱乐性较强的活动项目，调整训练气氛和运动节奏，为转入新的训练阶段做准备。恢复时期的训练内容可安排慢跑、短距离的加速跑．如 60 m、80 m 跑；中等速度的越野跑，如 1 000 m、3 000 m 跑等；球类运动、体操运动等；定向运动的各种基本运动方法的组合练习；设置检查点不多的全程定向运动练习等。

四、定向运动训练的特殊情况

（一）热环境下的定向运动训练

1．热应激与热适应

（1）热应激的生理反应。在热环境下训练时，由于代谢产热与环境热两种因素的共同作用，人体处于热应激状态，机体会产生一系列反应。其主要表现在以下几方面。

①心率显著增加，最大心输出量和最大摄氧量均下降。

②发汗增加，运动能力下降：在高温环境中训练，出汗成为体热平衡的主要途径。运动开始后几秒钟就会出汗，30 min 左右达到体热平衡。大量出汗将会导致钠离子、钾离子、钙离子、铁离子、镁离子、锌离子和其他微量元素的丢失，使运动能力下降。

③在剧烈运动时，大量出汗和呼吸道水分丢失会使尿液减少或无尿。

④垂体释放抗利尿素以增加对水的重吸收，肾上腺释放醛固酮增多以促进对钠离子的再吸收，从而有利于保持水和电解质平衡。

⑤在热环境进行次极限强度运动时，体表血流量增加，肌肉血流量减少，使机体更多依赖无氧代谢，结果导致乳酸的过早堆积和糖原储备减少。

⑥耐力下降：人体生活或工作的最适宜温度是 18℃～ 24℃。高温环境会对人体运动能力，尤其是持续时间较长的耐力运动能力产生很大影响。目前认为，体温调节能力是限制高温下耐力运动能力的重要因素。人可以通过训练提

高体温调节能力，从而增加耐力运动能力。

（2）热适应。在高温与热辐射的反复作用下，人体在一定范围内逐渐产生对热环境的适应，称为热适应。热适应主要表现为体温调节、水盐代谢、心血管机能等方面的改善。随着热适应发生一系列生理反应，结果是产热减少，散热增加。

①热适应后，心功能改善，心率减慢，每搏输出量增加，心输出量和动脉血压基本保持不变。同时，血液重新分配机能改善，使皮肤血流量减少，肌肉血流量增加，提高了肌肉的工作能力。

②出汗阈值下降、出汗率增加、排汗能力增强。运动训练提高了出汗反应的敏感性和出汗能力。

③热适应后，肾脏和汗腺对 Na^+ 吸收增加，汗液中 Na^+ 浓度下降。在体内保留使血浆和细胞外液的容量增加，内环境相对稳定。

（3）训练对热适应的影响。在炎热环境中进行训练可加快热适应过程。热适应需要的时间与运动强度和训练时的气候条件有关。如果运动员每天暴露在热环境中 $2 \sim 4\,h$，$5 \sim 7$ 天就可以基本适应，10 天可以完全适应。在炎热环境中训练，最初几次训练的负荷要小，持续时间约 $15 \sim 20\,min$，然后可逐渐增加训练强度和训练时间。

2.热病及其预防

热病如脱水、热痉挛、热衰竭、中暑等是在高温环境下进行剧烈运动时，因体温过高而发生的疾病，对健康有很大的危害。根据热病产生的原因进行有针对性的预防，就可以避免热病的发生。

（1）热病。

①脱水。脱水是指人体由于消耗大量水分而不能及时补充所造成的新陈代谢障碍，严重时会造成虚脱，甚至有生命危险。

在炎热的环境中长时间剧烈运动，大量出汗将使 Na^+ 容量明显减少而导致脱水。脱水可引起排汗率、血浆量、心输出量、最大摄氧量、工作能力、肌肉力量、肝糖原含量等下降。脱水量达到体重的 2% 左右时属于轻度脱水。轻度脱水可影响血容量，使心脏负担加重，运动能力下降，并出现渴感和尿少等现象。脱水量达到体重的 4% 左右时属于中度脱水。中度脱水时可出现脱水综合征，表现为严重口渴感，心率加快，体温升高，疲劳、血压下降等症状。脱水量达到体重的 6% ～ 10% 属于为重度脱水。重度脱水表现为呼吸频率增加、血容量减少、恶心、食欲不振、厌食、容易激怒、肌肉抽搐、精神活动减弱，甚至发生幻觉、昏迷等症状，严重威胁人的健康。

②热痉挛。热痉挛是机体在干热环境条件下运动时因出汗过度，无机盐丢失过多而出现的肢体和腹壁肌肉痉挛，但体温并不升高的现象。热痉挛经常出现在剧烈运动中或运动后，在运动中补充足够的电解质饮料，可以有效地预防热痉挛。

③热衰竭。热衰竭是热环境下运动时出现的一种血液循环机能衰竭现象。对热环境尚未适应就开始进行剧烈运动时，容易发生热衰竭。在这种情况下，热衰竭的主要原因是大量出汗导致细胞外液，尤其是血浆减少，出现循环系统调节机能障碍，血液滞留在扩张的体表血管中，使中心血量及心输出量显著下降。热衰竭的主要表现为虚弱，心率加快、出汗减少、体温升高、直立时血压低、头痛、头晕等。当人体出现热衰竭时，应立即停止运动，尽快到达阴凉处休息并补水，必要时输液以尽快补充丢失的液体，使血浆量恢复正常。

（2）热病的预防。

通过合理补液预防过度脱水是预防高热环境下训练时热病发生的最重要措施。补液量可通过在运动后体重丢失的量来确定。补液不能只在运动中和运动后进行，在运动前就应该开始。在运动前，人应该补充足够的液体，使细胞处于良好的水合状态，有利于预防热病的发生。运动前后的补液都应该以少量多次为原则，并要补充电解质饮料。另外，由于热环境中训练的时间不同，因此选用的补液方法也应视情况而定。

目前市场上销售的运动饮料多种多样，不同配方的饮料有不同的功能，适用于不同方式的训练。一般情况下，最好按照说明配制和饮用，以免渗透压过大或过小而影响胃肠吸收，甚至造成胃肠不适。

（二）冷环境下的定向运动训练

1.冷应激与运动

在冷环境中，机体通过两种调节机制防止体温下降：一是通过寒战以增加代谢产热；二是通过收缩外周血管减少热量散失。如果这两种调节机制不能保证机体产热和散热的平衡，机体内部温度就会降低，出现一系列应激反应。在低温情况下，风速和湿度越大，机体散热越多，冷应激对机体和机体的运动能力影响就越明显。

（1）冷应激会使体温下降，体温每下降10℃，神经传导速度将降低15 m/s。当局部温度降为8℃～10℃时，神经传导将完全阻断，此时四肢会因受冷伴随有工作能力迅速下降的现象。

（2）严重的冷应激会使最大摄氧量和心率显著下降。冷应激会使皮肤血管明显收缩，使血流量迅速从皮肤转向中心循环，以维持机体内部温度。但周围组织和皮肤热量减少，使手指和脚趾很容易冻伤。

（3）寒冷还会使骨骼肌的黏滞性增大，肌肉收缩速度减慢，动作灵活性和协调性降低，工作效率下降，并容易发生运动损伤。

（4）在寒冷环境中如果出现上呼吸道感染，将导致个体运动系统的运动能力及免疫系统的监视能力下降。因此，在寒冷环境中训练的一个重要任务是防止上呼吸道感染。

2.冷适应

经常暴露在冷环境中会加速机体对冷环境的适应。冷适应的基本特征是寒战产热减弱和外周血管收缩反应减弱。重复对手或脚进行寒冷刺激会使流经这些部位的血流增加而提高局部的冷适应，防止组织出现低温造成的损害。

（三）高原环境下的定向运动训练

高原训练是一种在低压、缺氧条件下进行的强化训练。这种训练为人体提供了两种负荷：一是运动本身所引起的缺氧负荷，即运动性缺氧负荷；二是高原性缺氧负荷。两种负荷相加，产生比平原更为深刻的缺氧刺激，使运动员承受在平原难以达到的训练强度，从而更深入地挖掘人体的技能潜力。

1.高原应激

高原是一种低气压、低氧、低湿度、寒冷、日照时间长、昼夜温差大、高紫外线辐射的特殊环境，机体在这种环境中进行训练产生的特殊应激反应称为高原应激。在以上刺激因素中，对机体机能影响最大的刺激是低氧刺激。

（1）最大摄氧量下降：高原的低氧环境会对正常氧运输产生不利影响。由于大气氧分压的降低，人体血氧饱和度急剧下降，组织细胞利用氧量就减少。随着高度的升高，最大摄氧量开始下降。

（2）肺通气量增加：从平原到高原最主要的反应是氧分压降低所引起的肺通气过渡。高原缺氧反射性引起呼吸加深加快，肺通气量加大。当高度达到2 348 m时，安静时的肺通气量开始以指数的形式增加。肺通气量过大会造成过度换气，排出的 CO_2 过多，使肺泡和血液 CO_2 分压下降，血液和脑脊液中PH值升高偏碱性，易发生代偿性呼吸碱中毒而抑制呼吸中枢，从而反射性地引起肺通气量减少。因此，在高原缺氧环境中，同时存在加快和减慢两种相互对抗的调节机制。在一般情况下，缺氧以引起肺通气增加为主。肺通气量的增加提高了肺泡氧分压，有利于氧的运载。

（3）心血管反应：到达高原的初期，心率和心输出量增加，但每搏输出量没有变化。每分输出量的增加主要靠心率的加快，心率的增加可以补偿运输氧能力的下降。在平原，安静时心率一般为每分钟70次；在高原4 500 m高度时，安静时心率可增加至每分钟105次。

（4）高原反应症：到达高原的初期，机体因缺氧而产生一系列生理反应，出现头痛和呼吸困难等急性高山病病症。高山病主要是脑缺氧引起的，脑组织对缺氧最敏感，在缺氧的环境中最先易受到伤害。体液滞留在脑部或肺部容易发生高山脑水肿或肺水肿而危及生命。由于低氧的影响抑制了视网膜感光细胞的机能，视觉感受器对光的敏感性降低。

（5）运动能力下降：高原环境对运动能力的影响因海拔高度的不同而有所差异。与在平原上比赛比较，在2 300 m的高度比赛，运动时间超过2分钟的全身耐力性运动项目的竞技成绩明显下降，如1 500 m跑的成绩下降3%，5 000 m和10 000 m跑的成绩下降约8%。

2.高原适应

在高原地区停留一段时间后，人体会对低氧环境产生调节反应，提高对缺氧的耐受能力，称为高原适应。高原适应过程是循序渐进的，从平原到达2 300 m的高度，约需要两周的适应时间，此后每增加610 m，需要增加一周的适应时间。

许多研究认为，高原训练能明显提高有氧能力。但高原应激和高原训练对返回平原后的有氧能力和耐力的影响机理目前尚不清楚。多数人认为，高原训练提高了局部循环和细胞代谢的适应及血液代偿性载氧能力。此外，呼吸系统的适应性变化也不会在回到平原后马上消失。因此，高原训练中低氧和训练的双重刺激提高周期性耐力运动项目成绩的效果应该优于平原训练。

但也有人认为，长时间高原应激也会给生理机能带来一些负面影响，如体重下降、最高心率降低、每搏输出量减少，最大心输出量减少。最大心输出量的减少将抵消血液载氧能力增加带来的效益。此外，高原训练的强度不能达到平原上的训练强度，使高原训练的绝对训练强度下降，这些因素都可能影响运动员在平原的竞技状态。

（四）女子经期的定向运动训练

月经周期是女性特有的生理现象，表现为卵子的生长发育、排卵和黄体形成周而复始。同时，在卵巢雌性激素的影响下，子宫内膜发生周期性剥落，产生流血现象，称为月经。

1.月经周期中运动能力的变化

月经周期中由于女性激素水平的规律性波动，导致机体的运动能力发生相应变化。在月经周期的不同阶段，人体运动能力的变化具有明显的个体差异。研究证实，大部分女子有氧工作能力及整体体能以黄体形成期最强，卵泡期和排卵期其次，月经前期和月经期最弱。但也有关于专业运动员的研究指出，在月经周期的不同阶段，运动员的有氧能力、反应速度、力量出现不同时相的变化。例如，有的运动员在月经期反应速度有所减慢，但有氧耐力和力量并没变化；而有的运动员在月经前期兴奋性最高，体能最好。因此，在女运动员的训练和比赛安排上，应充分注意其体能与月经周期的关系，根据各个阶段体能变化的规律安排训练负荷，大运动量训练应与体能的高峰期相吻合，以使负荷作用达到最佳状态，从而提高训练效果和比赛成绩。

2.女子经期的定向运动训练

一般的运动训练对女性的月经期没有影响，适度的体育活动能改善女性的机能状态，促进血液循环，改善盆腔生殖器官的血液供应，并可通过运动时腹肌、盆底肌收缩与舒张交替对子宫起到一定的按摩作用，促进经血排出。

长时间或大强度训练易引起女子出现运动性月经失调，表现为经期延长或缩短、月经量过多或过少，甚至闭经。运动性月经失调的发生与运动负荷、体脂含量、运动项目、饮食营养、应激等因素有关。因此，女子经期一般不宜安排长时间或大强度训练。另外，除非特别需要，也应避开寒冷的下雨天，经期中淋雨受凉会引起小腹疼痛，经血量过多或过少。如果比赛时适逢下雨，赛后要尽快用热水洗澡，换上干衣服，并注意保暖。有条件时，用红糖生姜煮水喝，或者把鸡蛋放在红糖水里煮熟，趁热喝，将有利于缓解小腹疼痛。

五、定向运动训练与营养

良好的营养是运动员取得优异运动成绩的重要因素之一。营养不当会使运动员的生理功能和运动能力下降，影响训练效果和运动成绩的提高。随着体育科学的发展，人们对营养的认识已不仅仅是用来保证运动员的身体健康，而是进一步研究如何根据不同运动项目的运动员体内物质代谢的特点，科学利用营养因素以促进运动成绩的提高。

（一）运动员膳食的基本要求

（1）要求热量保持平衡。定向运动员的能量消耗较大，需要及时地补充充足的热量。一方面满足机体的正常需要，另一方面使运动员保持充沛的运动能力，并有一定的热能贮备。当然，热量也不宜过多，过多的热量将引起体脂增多，身体发胖，所以膳食要科学、合理。

（2）注意热能物质的比例适当。运动员的热能物质以糖为主，脂肪量最少，定向运动是一个耐力项目，糖的比例为 1∶0.7，做到高糖、低脂肪。

（3）充足的维生素。由于运动员的代谢旺盛，激素分泌增加，大量排汗，因此维生素的损失较多，要补充充足的维生素。同时，合理增加维生素还可提高运动成绩。定向运动员对维生素的需要量很大。维生素需要量与运动量、机能状态及营养水平有关。高强度训练对维生素的需要量增加，可使维生素缺乏症提前出现，而运动员对维生素缺乏的耐受性又比一般人差；运动员的早期维生素缺乏症表现为运动能力下降，容易疲劳，免疫力减弱。一旦维生素得到补充时，因维生素缺乏而失去的能力将会随之得到恢复；但过多服用某一种维生素可造成维生素之间的不平衡，长期过多服用维生素不仅不能改善工作能力，还会产生不良影响，使机体维生素代谢水平提高，一旦维生素摄入量较少时，就更易出现缺乏症。各种维生素摄入量只有保持适宜比例，才能在体内发挥良好作用。

（4）合理的膳食制度。这包括严格的饮食时间、饮食质量以及饮食的分配。进食时间要与训练或比赛时间相适应，运动后应休息 30 min 以上再进食，因为运动时体内血液集中于运动器官，消化器官相对缺血，此时进食对消化不利。进食后应休息 1.5 ～ 2.5 h 才能剧烈运动，因为进食后胃肠道被食物充盈，不利于运动，同时，运动也会影响消化功能正常发挥作用。

（5）正确地选择食物和烹调加工。选择运动员食物要从营养学角度出发，选择那些易消化、易吸收、营养丰富的食物，同时注意酸碱性食物的搭配，烹调时尽量保留食物的营养成分，还要注意食物的色、香、味，从而增进运动员的食欲。

（二）运动员一日三餐的食物分配

运动员一日三餐食物分配要合理，其基本原则如下：运动前的一餐，食物的量不宜过多，但要有一定的热量，要易消化，含有较多的糖、维生素和磷，少含脂肪和纤维素；运动后的一餐量可以大些。晚餐不宜过多，也不宜吃脂肪和蛋白质过多以及有刺激性的食物，以免影响睡眠。运动员的早餐应富含蛋白质和维生素，因为运动员早晨要进行早操训练，势必会消耗一定的热量，且经过前一夜的消化，食物所剩无几，及时补充是十分必要的。

（三）定向运动的营养特点

定向运动属于中长跑和超长跑耐力性项目，运动时能量消耗大，热能主要来自糖原的有氧分解。因此，要供给充分的糖，保持充足的糖原储备。另外，耐力项目对循环呼吸等机能要求也高，血红蛋白要维持在较高水平，要保证蛋白质、维生素、无机盐，尤其是铁的充分供给。

（四）赛前运动员的饮食特点

比赛会使运动员的机体处于高度紧张状态，能量消耗也很大。比赛期间的饮食十分重要，但运动员往往因为比赛时的神经紧张，出现食欲不振、消化紊乱等现象，所以赛前就应该提高饮食质量。比赛前，饮食中要注意充分地补充糖，使糖原储备达到最高水平。同时，还要充分补充维生素、维生素 C、维生素 A 及无机盐，但不要过分补充蛋白质及脂肪等酸性食物，以免体液偏酸，对运动不利。在比赛前，可以食用葡萄糖和维生素 C，食用时间要根据比赛的项目不同而有所不同，短距离比赛项目在比赛前 40 ～ 60 min 食用，而超长距离比赛可在开始比赛前食用，维生素 C 每日供给量为 140 mg。

比赛前的饮食制度应逐步过渡到比赛期的膳食。但由于比赛前一般都是减量训练，能量消耗减少。所以，比赛前不宜吃得过多，以免体重增加，不利于比赛。

比赛前当天的饮食要求应当是食物体积少，发热量高，易消化吸收，不要多食难以消化及产气的食物，如肥肉、豆类等。食物应富含磷、糖、维生素 C 等，以糖作为主要能源，特别是长时间耐力项目，除了要在食物中含有丰富的糖外，还要有一定量的脂肪，以维持饱腹感，这是由于脂肪代谢能参与能量供应，不至于使血糖下降，可推迟疲劳的出现。

比赛前进餐的时间要根据比赛时间而定，一般要在比赛前 2.5 ～ 3 h 前完成。

（五）运动员比赛途中的饮食特点

定向运动员热量消耗较大，特别是标准距离的比赛，机体在运动过程中会失去大量水分及能量，若不及时补充，不但有损于健康，而且也直接影响运动成绩的提高。因此，为了维持机体的正常循环，调节体温，在比赛途中补充饮料和饮食是十分必要的。

（六）赛后运动员的饮食特点

比赛后，运动员需要补充热量和水分。超长距离赛跑后应立刻补充 100 ～ 150 g 的葡萄糖，这不仅能补充运动员的能量消耗，还能促进肝糖原储备的扩充，预防肝脂肪浸润。比赛后 2 ～ 3 天应补充高热量的饮食以及维生素 B、C。主要热量是糖，其次是蛋白质、水分，无机盐也需连续补充，但饮食中脂肪应少些。少量多次地补充，水中可加适量食盐（一般为 0.2%），也可以把蔗糖、钾、果汁等做成饮料，供运动员随时饮用。

（七）夏季训练期的营养特点

夏季训练期气温较高，因此水、盐、维生素及蛋白质的代谢都十分旺盛。同时，由于高温的影响，运动员的食欲下降，这势必会造成体内热量的收支不平衡，从而影响运动能力以及身体健康。为了避免这些不良的影响，在饮食方面要特别加以注意。在夏季训练期，因高温使蛋白质分解代谢加强，排汗量增加致使排氮量也相应增加，为此应增加蛋白质供给量。另外，由于代谢旺盛，维生素 C 等需要量也明显增加，再加上排汗量多，一些水溶性维生素损失也会增加，因此要额外补充维生素，特别是维生素 C。由于气候炎热，加上运动量大，排汗量就会明显增大，水分损失较多。此时，无机盐也会随水分的损失而损失较多。例如，四小时长跑训练可损失水分 4.5L，因此补充水分也是非常必要。对水分的补充不能一次暴饮，而是少量多次地补充。

夏季训练期有关膳食的具体安排可注意以下几点：

（1）食物要调配好，多样化，清淡可口，促进食欲。

（2）适当地吃些凉拼盘，但要注意卫生，防止污染。黄瓜、西红柿、萝卜可以糖拌生吃。

（3）主副食要注意含丰富的维生素 B、维生素 C 和矿物质。

（4）可配制含盐分的清凉饮料，放在运动场供运动员随时饮用，但不可在饭前或饭后暴饮。

（5）主餐可放在早、晚凉爽的时间，也可采用一日四餐的办法，以增加热能的补充。

（八）冬季训练期的营养特点

冬季训练期正处在寒冷季节，由于气温低，机体的散热量大，基础代谢相应升高，加上运动量较大，所以热能消耗比较多，因此运动员一日需要的总热能较高，可达 20 925～25 110KJ。脂肪的摄入量也应增加，以保温御寒。同时还要增加维生素 B、维生素 C 的摄入量。维生素 C、维生素 B 可增加 30%～50%，维生素 B2 可增加到 5mg/d。北方地区冬季青黄不接，蔬菜供应往往不足，为补充体内维生素，可以补充维生素制剂。在冬训时，运动员的膳食要注意以下几点：

（1）食物要温热、丰富、利于消化吸收。

（2）食物应保证充足的热能，可适当增加脂肪或肉类，缩小食物体积。

六、高校定向运动队训练期间的保健工作

（一）高校定向运动队训练的保健要求

1. 参加高校定向运动队训练的健康要求

凡在健康分组中属基本组的学生都是身体发育和健康状况正常，功能检查良好，尤其是体质好，并在该项目上有特长的学生，可参加学校定向运动队训练。凡属准备组和医疗体育组的学生，不得参加训练。

2. 遵循运动训练的卫生原则

训练方法和手段应符合学生的性别、年龄特点，符合学生的生理和心理特点。训练要讲求全面性、系统性。要区别对待，注意身体的全面训练，以促进身体健康，提高功能水平，为将来取得良好成绩打下稳固的基础，切忌出现"急功近利"的思想和犯"拔苗助长"的错误。

3. 合理安排训练负荷

大学生正处于生长发育阶段，机体新陈代谢过程旺盛，在训练过程中，虽有接受较大负荷训练的能力，但由于心血管系统和呼吸系统功能发展尚不完善，故容易出现疲劳，因此训练时增加运动量和运动强度不能突然或过猛，应循序渐进，逐步提高要求，否则，长时间、大强度的运动训练会给学生的机体带来不良影响，造成过度训练或局部劳损。

4. 预防运动性伤病

定向运动训练中要重视对学生的安全教育，加强运动场地的安全检查。尽可能减少或避免伤害事故的发生，训练中除了重点预防急性损伤外，还要注意预防骨关节肌腱的劳损。

5. 定向运动训练的禁忌症

凡有下列情况之一者，禁止参加定向运动训练：中枢神经系统和末梢神经系统疾病（如精神病和癫痫病等）；运动系统疾病（如骨骼、关节、脊柱变形等）；风湿性心脏病和先天性心脏病、高血压患者、高度近视眼患者。

（二）高校定向运动训练的保健措施和方法

1. 医学检查（身体发育和健康检查）

对参加定向运动训练的学生，在参加正式训练前，应做医学检查，其内容有体格检查，身体发育、皮肤、肌肉系统、皮脂厚度、身体形态、腿形、胸廓形状与足的检查等。健康检查有既往病史、心、肺、肝、肾等主要脏器的物理或化学检查等。有条件的学生还可以做心血管系统和呼吸系统的功能检查。医学检查最好每学期进行一次，至少每年一次。

2. 定期的生理功能检测与评定

对参加训练的学生，要经常或定期地监督和检查他们的身体功能状况，重点是心血管系统和呼吸系统的生理功能，其目的是判断运动员的身体功能水平，了解机体对运动量的适应能力，鉴别大运动量训练过程中出现的生理现象或病理状况，预防过度训练和运动性伤病，从而为改进训练提供科学依据。常用的检测指标有：脉搏、血压、肺活量、呼吸频率、握力、血色素、尿蛋白和心电图等。这种检测除了在实验室条件下进行外，还可以在训练过程中进行。

3.日常健康监督

参加定向运动训练的学生一般应写训练日记，清晨自测脉搏，并填写自我监督记录表，教师可在训练课前、中、后测量学生的脉率、血压和肺活量等简易指标，也可以在训练过程中做运动量和运动强度的测定，并观察学生的疲劳反应，以摸清学生承受最大训练负荷的情况；对女生，要填写月经卡片，以便体育教师和教练员更好地安排训练和正确掌握运动量。

4.建立运动伤病登记制度

凡训练中发生的运动损伤和运动性疾病，均应填写运动伤病登记卡，要按照登记卡中的各项内容逐项填写，以利于统计、分析和研究其与运动训练的关系，分析运动伤病发生的原因和机理，从而找到预防运动性伤病的有效方法，保证训练的正常进行，并为提高训练水平提供必要的保障。

5.训练后的恢复措施

参加定向运动训练的学生不仅要完成紧张的文化学习任务，还要承担较大的训练负荷，因而无论是在脑力上还是在体力上消耗都是很大的。如果训练安排不合理，产生过度训练疲劳的情况，不仅会影响学习，还会损害身体健康。如果训练后不采取一些实际可行的恢复措施，疲劳就不能得到及时消除，同样也会影响到第二天的文化学习，所以无论是从预防过度训练的角度，还是从保证文化学习的角度来看，训练后的恢复措施都是必不可少的。要重视训练后的整理活动，它是消除疲劳、促进体力恢复的一种好方法。训练后的整理活动可使人体由紧张的运动状态更好地过渡到安静状态，缩短恢复过程。可采用按摩、洗热水澡等物理措施，以加速疲劳的消除，促进恢复过程。由于运动训练需要消耗更多的营养物质，所以，对参加训练的学生应适当增加营养，补充额外的消耗，同时搞好膳食安排，这对学生体能的加速恢复也是很重要的。

（三）自我监督

自我监督是体育活动参加者在锻炼过程中对自己的健康状况和身体功能状况经常进行观察的一种方法，自我监督是体格检查的重要补充措施。自我监督对体育活动参加者，尤其是经常参加运动训练的青少年有重要的意义。它可以间接地评定运动量的大小，为体育教师和教练员合理安排教学、训练以及掌握运动量提供重要依据；可以预防和早期发现过度训练和过度疲劳，从而及时调整训练量；同时，还能及早发现运动性伤病，以便尽早采取措施，保证运动员的身体健康。

自我监督的内容包括主观感觉和客观检查两个方面。

1. 主观感觉

一般感觉：反映整个机体的功能状况尤其是中枢神经系统的状况。一般感觉好的人在运动过程中总是精神饱满，精力充沛，心情愉快，积极性高。但在患病或过度训练时，就会感到精神萎靡不振、疲倦、乏力、头晕或情绪易激动等，在进行自我监督时，根据情况可填写为良好、一般或不好。

运动心情：一个身体健康、精神状况良好的人，在参加体育锻炼时，总是心情愉悦、乐于参加运动的，若出现对运动不感兴趣，表现出冷淡或厌倦，不服从教师或教练员的指导，情绪容易冲动等现象，可能是教学和训练不当或出现疲劳，也可能是早期过度训练的征象。根据个人的运动心情，可填写为很想训练、不想训练、冷淡或厌倦等。

不良感觉：指运动训练或比赛后的不良感觉，如肌肉酸痛、关节疼痛、四肢无力等。一般来说，在强度较大的训练比赛后，由于机体疲劳，大部分人会产生一些不良的感觉，但这些现象经过适当休息后就会消失。如果运动时或运动后除上述不良感觉外，还有心悸、头晕、头痛、气喘、恶心甚至呕吐、心前区或上腹部疼痛等症状，就说明机体对运动量不适应，或身体功能状况和健康状况不良。在自我监督记录表中，可填写具体的不良感觉。

睡眠：正常的睡眠状态应是入睡快，睡得深，不做或很少做梦。经常参加体育活动的青少年学生和运动员，睡眠应当是良好的。由于生活和工作的一时没有规律，或是训练和比赛负荷过大，偶然的一天或数天睡眠不好并不是异常现象，但长时间的睡眠不安静、失眠、多梦或者嗜睡，一般是健康状况不良或某种疾病潜伏期的一个征象。当体育活动参加者和运动员中出现失眠、睡眠不好的现象时，大多是对运动量不适应或是过度训练的早期反应。记录时可填写睡眠的时间以及睡眠状况，如良好、一般、不好，或失眠、多梦、易醒等。

食欲：生活规律、健康状况正常的青少年学生和运动员的食欲应该是正常的，即在一定的时间间隔后，有饥饿感，想进食，同时食欲和食量在绝大多数情况是一致的。一时食欲不振或食欲缺乏，很多是由于饮食制度混乱和吃零食引起的；长期性的食欲不振则可能是消化器官或全身慢性疾病的反应，如慢性胃肠病、传染性肝炎、肺结核等。经常参加体育活动的人或运动员，由于能量消耗多，一般食欲良好，食量也较大。但健康状况不良或过度训练时，食欲便会减退，食量减少。此外，运动训练刚结束后马上进餐，食欲也是较差的。记录时可填写食欲良好、一般、不好或厌食等。

排汗量：在运动时，人体排汗量的多少与运动量（运动强度）、气温、湿度、风速、训练水平、情绪、衣着量、饮水量以及汗腺和数目等因素有关，剧烈运动和比赛时出汗多是正常的生理现象。当然，也有一些人因体质弱、疲劳或病后恢复期参加运动，也会出汗较多，这是体内调节功能弱的一种表现。如果其他因素相同，则没有经过训练的人在运动时会出汗更多。随着训练水平的提高，出汗量会逐渐减少。如果训练水平较高的运动员，运动时重新出现大量排汗的情况，可能是过度训练的征象。根据排汗情况，记录时可填写为汗量较多、一般、不多或其他（大量、有盐迹或盗汗等）。

2.客观检查

脉搏：经常从事运动的人由于迷走神经紧张性增高，安静时脉搏频率常较缓慢，称为心动徐缓现象。定向运动运动员的心动徐缓现象通常较其他运动项目的运动员更明显。脉搏频率与训练水平、运动年限和运动专项有关，随着运动年限的增长和训练水平的提高，脉搏频率也会减少，这是系统训练后的良好反应。脉搏作为心血管系统的一个重要功能指标，它可以一般地反映人体的健康状况。在健康状况不良或机体处于疾病潜伏期，人还没有明显感觉出来时，脉搏次数已明显增多了。在自我监督中，常用早晨脉搏（晨脉），又称基础脉搏来评定运动员的训练水平和身体功能状况。在训练正常，运动员处于良好的健康状态时，脉搏次数一般保持在一个相对恒定的水平上或逐渐下降。若每分钟脉率增加12次以上，说明机体反应不良，可能是疲劳还未消除、夜间睡眠不好或身体有病等情况引起的。如果晨脉比过去明显增加，且较长时间不能恢复到原有水平，可能是早期过度训练的表现，需要深入查找原因。晨脉与自我感觉之间也有一定的联系。当晨脉每分钟增加6次时，约有20%的人自我感觉不良；增加12次时，约有40%的人自我感觉不良；增加18次时，约有60%的人自我感觉不良。在测晨脉时，除注意频率外，还要注意脉搏的节律性，如果发现脉搏节律不齐或有停跳现象，可能是心脏功能异常现象，应采用心电图等方法做进一步检查。测晨脉可在清晨起床前进行，一般记录 10 s 的数值，求其稳定值即连续两次测得的数值相同，否则应继续测量，直到达到要求为止。也可沿用 30 s 的数值，然后换算成一分钟的脉率数。

体重：体重是评定体育活动参加者健康状况的标志之一。成年人的体重一般比较恒定，少年儿童随着年龄的增大，体重也逐渐增加。青少年学生和运动员在大运动量训练或激烈的比赛后，因体内水分的大量丧失，可以看到一时性的体重下降，但 1～2 天后就能恢复正常。如体重持续下降，并伴有其他异常现象，可能是早期过度训练或罹患慢性消耗性疾病，如慢性胃肠病、肺结核或营养不良等。少年儿童的体重如果长期不增长，甚至下降，则是健康状况不良的表现，应查明原因。在进行自我监督时，每周应测体重 1～2 次（应在同一时间内进行）。此外，还可测运动前和运动后的体重，以观察运动对体重的影响。

运动成绩：坚持合理训练，运动成绩应能逐步提高，并且能稳定在一定的水平上。如经较长时间训练，运动成绩没有提高，甚至出现下降，可能是身体功能状况不良或早期过度训练的表现。

表 3-1　自我监督记录表

姓名		填写日期　　　年　　月　　日			
主观感觉	一般感觉	良好	一般	不好	
	运动心情	想训练	愿意训练	不想训练	
	不良感觉	肌肉酸痛	头晕	心悸	其他
	睡眠	良好	一般	不好	
	食欲	良好	一般	不佳	厌食
	排汗量	较多	一般	不多	有盐迹　盗汗
客观检查	脉搏	次/分钟 节律齐		不规律	
	体重	kg			
其他	运动成绩和伤病情况				

注：凡有征象的指标，可在形影表现上打"√"。

在客观检查中，除上述指标外，还可根据情况和条件，选用其他一些指标（如握力、肺活量、呼吸频率等），一般来说，运动员自我监督选用的措施要多一些，并应每天进行自我监督。在进行自我监督时，应填写自我监督卡或自我监督记录表（表3-1），运动员的自我监督记录可与训练日记结合在一起。自我监督表中的内容有的是前一天的情况（如睡眠、食欲等），有的是当天的情况（如运动心情、不良感觉、脉搏和体重等）。大多数指标必须每天填写，有的指标，如体重可以一周或半月测一次。伤病情况和运动成绩则据实填写。女子还需填写月经卡片。

七、高校定向运动队比赛期间的保健工作

大学生在定向运动比赛期间，神经系统处于高度紧张状态，心血管系统和呼吸系统以及内分泌功能也都处于较高水平，以适应比赛需要。由于定向运动比赛体力消耗很大，极易给机体带来一些不利的影响，因此做好比赛期间（包括赛前、赛中和赛后）的保健工作对保护大学生的身体健康和保证比赛的顺利进行有着十分重要的意义。

（一）全国学生定向锦标赛的保健要求和措施

1.赛前健康检查

在比赛前，学生应进行必要的健康审查和体格检查。身体发育正常，健康状况良好，有一定训练基础，体育健康分组中属基本组的学生，一般可参加比赛。属准备组和保健组的学生，或有伤病者，一律不许参加比赛，以免发生意外。

2.合理的组织安排

场地选择和路线设计应符合安全条件；检查运动员的服装、鞋子是否符合比赛的要求；做好比赛期的伙食管理和膳食供应。

3.现场救护

认真组织和实施比赛现场的救护工作，配备必要的救护人员和药物、器材，有条件的应设立现场急救站，由医务人员负责现场救护工作，若无专业医务人员，也应指定专业人员负责，一旦发生伤病，应迅速送医院处理。此外，比赛期间要进行安全教育、遵守组织纪律教育和文明新风的宣传教育。

4.赛前的准备活动

参加比赛的学生在赛前必须做好充分的准备活动，尤其是在气温较低时，肌肉关节僵硬，做好准备活动可以预防运动损伤。准备活动强度和时间应根据运动员赛前状态和气候等因素而定。

5.赛中保健要求和措施

赛中运动员的神经处于高度的紧张状态，各器官、系统的功能处于较高的水平，运动员的机体要消耗很大的体力和能量。场地裁判和工作人员要关注比赛现场的一切情况，对比赛中出现的伤病，如腹痛、休克、痉挛、挫伤、撕裂伤、擦伤、关节韧带扭伤等，要及时处理和向医务人员报告，以保证比赛的顺利进行。此外，要做好比赛中的饮料供应工作。

6.赛后保健要求和措施

比赛结束后，对参加比赛的运动员的保健指导仍应继续。赛后应及时了解运动员的疲劳程度，伤病的发生和发展情况，消除疲劳的措施和方法以及生理功能有无异常变化，为安排下一阶段的训练和比赛提供依据。赛后应及时采取恢复措施，如按摩、放松肌肉等，尽快消除运动员的疲劳，促进体力恢复。对带伤病参加比赛的运动员，赛后要仔细检查。如果赛中新发生了运动损伤，赛后要抓紧治疗，并做好对损伤的随访安排。

（二）比赛期间的几个特殊保健问题

1.女运动员经期参加比赛问题

凡身体健康，月经周期正常并有月经期参加正常训练习惯的女运动员，在月经期间可以照常参加比赛。对月经期身体有不适反应，竞技能力下降者或某些有心理障碍的女运动员，为了避免月经期身体反应对发挥运动技术水平的影响，可以采取改变周期的方法，推迟或提前月经期，以错开比赛来月经，这种方法称为"人工月经周期"。

2.时差反应

2004年1月，全国定向锦标赛在云南省安宁市举行。当地时间相对于北京时间要晚将近一个小时，对东部地区运动员同样产生了时差反应。

时差反应是由于地球自西向东自转，人体产生了与之相适应的一种与昼夜周期相适应的节奏——生物钟。人类的生物钟现象能使人对变化做出反应，而影响人的活动能力。随着国际体育交往的增加，运动员要经常跨越时区到国外去参加比赛，新式的交通工具，如飞机能将人们在很短的时间内从一个国家载往另一个国家。科学研究发现，时差在三小时内一般不会产生很大的影响，时差变化越大，机体的反应也越强烈，因为人们迅速转移有较大东西向位移的新环境后，由于生物钟测时的误差，就会产生生理干扰，时差适应能力差的人就会出现时差反应，如疲倦乏力，精神萎靡不振，食欲不佳，睡眠不良，情绪容易激动，注意力不集中，运动员往往感到心烦意乱。总之，时差反应使整个身体的机能和运动能力都会受到影响，如果运动员在这种情况下参加比赛，就会影响技术水平的发挥和运动成绩的提高。

有关时差适应的医学研究证明，人类不能适应昼夜交替太大的外界环境，必须经过一定的时间，体内才能发生完全的周相移动——生理节奏同步化。为了保证运动员在重大国际比赛中发挥最高水平，创造优异成绩，时差适应就成了比赛期间一项重要的保健工作。据研究，人类机体生物钟的完全颠倒约需8～10天，因此为减轻和消除时差反应，可以采用提前到达比赛地点，有时则需要提前一周至十天就要到达比赛地点进行适应，抵达比赛地点后，应马上执行新的作息制度，按当地的时间用餐、训练和就寝，而不应逐步过渡，以尽快完成生物钟的调整。另一种方法是在国内预先适应，即改变作息时间，将训练时间和睡眠时间逐步向前或向后推移，以适应比赛时新的时间条件。研究资料表明，预先适应需要2～3周甚至更长一些时间。

3. 高原反应

2004年，在云南安宁市举行的全国定向锦标赛中，不少运动员产生了高原反应，他们感到恶心、呼吸困难甚至鼻孔出血。

克服高原反应的方法同样可以采取提前适应法，运动员一般应在一周之前到达比赛地进行适应性训练。

第二节 定向运动的技能训练

一、地图的使用

（一）读图

读图是将二维的平面地图通过心理过程在大脑中视觉化，形成立体的三维实际地形，并与实地进行对照的认知过程。一个优秀的定向人必须首先是一个优秀的读图者。因此，对定向爱好者来说，迅速准确地读图技能是最基本的定向技能。为了学习上的方便，我们将读图技能分为动作技能和认知技能两个方面。

读图的动作技能包括折叠地图、拇指辅行、标定地图和确定前进方位，它们是正确读图的基础。所有定向人都必须熟练掌握这些技能，并且最好能达到自动化的水平。但是读图动作技能的练习与读图的认知技能的练习常常是同步进行的，只是不同的阶段侧重点不同而已。通常先以动作技能练习为主，然后动作技能和认知技能练习并重，当动作技能达到熟练水平甚至自动化水平时，则以认知技能的练习为主。

按读图时的运动状态可将读图分为静止站立读图和运动中读图。读图练习应从静止站立开始逐步过渡到运动中读图。而在运动中读图首先要使读图的动作技能达到熟练水平，为了避免因地形和地图符号对动作技能的影响，最初的练习应该安排在线状特征较多并且比较简单的地形中进行。

（二）标定地图

标定地图就是使地图跟实地保持一致，它是定向运动的基本技能之一。标定地图的方法有多种。

1. 概略标定

若已知实地方位和站立点的图上位置，只要将地图正置，使地图上方（即磁北方向）与实地北方向保持一致，地图即标定。

2. 指北针标定

指北针标定即使指北针的北方向与地图北方向保持一致，地图即标定。若以磁北针方向与地图北方标定地图时，要求图、地对应更精确，可对照周围地形，正置地图，使图、地的地貌、地物相对应即可。

指北针标定地图第一步：用指北针的长尺边相切于磁北方向线，并使指北针的前进方向箭头指向地图北方。指北针标定地图第二步：转动身体或转动地图，使指北针磁针的北端（红色的一端）与地图的磁北方向线一致。

3.明显地貌、地物点标定

地貌、地物的点标定即利用地图、实地对应的明显地貌或地物作为参照点标定地图。可作为地貌参照点的有山头、鞍部、山凸、山谷等。可作为地物参照点的有塔、亭、桥、烟囱、独立房、独立树等。

利用地貌、地物的参照点标定地图的前提是必须知道实地站立点在地图上的位置，以及地图上和实地都有的明显同一地貌或地物。具体操作方法如下：首先明确实地站立点在地图上的准确点，选择实地和地图上都有的山头上的点，如烟囱作为参照点，水平转动地图，使地图上的站立点与地图上烟囱所构成的连线，和实地站立点与实地烟囱之间所构成的连线重合，并确保图、地烟囱在图、地站立点同侧，地图即标定。

4.地貌、地物的线标定

地貌、地物的线标定即利用线状的地貌或地物作为参照物标定地图。可作为线状地貌参照物的有山脊、合水线、分水线、长形陡崖、长堤等；可作为线状地物参照物的有江河、沟渠、道路、围墙、电力线等。

利用线状地貌、地物的参照物标定地图，也必须知道实地站立点在地图上的位置，以及实地长形地貌或地物在地图上的位置。在标定地图时，只需将地图上的长形地貌或地物与实地的长形地貌或地物保持方位一致即可，即长形地貌或地物在图、地走向或重合或平行，且选择的地图上的长形地貌或地物两侧的实地地貌和地物符号，与实地上对应的长形地貌或地物两侧的实地地貌和地物一一对应。

5.利用明显面状地物标定

如果利用池塘标定地图，只要将图上池塘与实地池塘外形轮廓对应，即图上池塘与实地池塘概略重合，地图即标定。

（三）图地对照，确定站立点和目标点

图地对照就是将地图与相应实地的地物、地貌进行逐一对照，确定站立点，就是在实地确定自己站立点在地图上的相应位置。确定目标点，就是确定实地某一目标在地图上相应的位置。图地对照，确定站立点和目标点，三者互为条件，有密切联系。通过对照地形，可以确定站立点和目标点；知道了站立点或某个目标点的图上位置，可以提高图地对照的速度与精度。同时，知道了站立点的图上位置，可以确定目标点，知道了目标点的图上位置，可以确定站立点。在三者中，虽然重点是站立点的确定，但由于可互为条件，因此图地对照确定站立点和目标点没有固定的先后顺序，可根据具体情况决定。在基础训练时应按下述步骤进行：

1. 先明确站立点，后进行图地对照

先明确站立点是指站立点已知，即在进行地图与实地对照基础训练时，站立点一般先由教练员指出。通常在以下两种情况下出现：在进行定向运动模拟训练和比赛时，出发点已经在地图上标明；在定向运动途中运动员已经明确站立点。后图地对照是指在站立点已知的前提下进行图地对照。

在初次进行野外地图与实地对照时，应利用已知站立点对照地形，先进行控制对照，即对照大而明显的控制点，如较高的山顶、较明显的鞍部、大的山背山谷与明显的地物等，根据这些控制点在地图上的相互关系位置，从而确定它们在实地的相应位置，这样可提高对照的精度和速度。在控制对照的基础上，再进行细部对照。在进行细部对照时，以控制点为准进行分片对照；也可以由近至远、由左至右或由右至左进行对照。这时对照的重点是地貌，根据图上等高线的弯曲形状、间隔距离，结合等高线显示地貌的原理与特点，与实地地貌进行分析比较，反复验证，使地图与实地逐一对应。

对照地形时要注意地图经过测绘和制图过程中的取舍，一些地貌的细部和少数次要地物在地图上有所省略，不要因追究这些而浪费时间与精力。同时，由于定向越野训练时，一般都使用国家基本地形图，这种地图大都成图时间早，虽然实地地貌与地图差异不大，但地物变化大。因此，在图地对照时要综合分析，以对照地貌为主，图地对照的难点也是地貌对照，只有把主要精力放在对照地貌上，才能收到较好的效果。

2.先图地对照，再确定站立点

先图地对照，再确定站立点是指在站立点不明确的情况下，通过对照地形来确定站立点，如在对照地形有一定的基础后，为提高训练效果而采用提高难度的方法时，教练员事先不指出站立点，让运动员通过图地对照来确定站立点；又如在实地运动（包括平时训练和实际比赛）中迷失方向时，也要通过图地对照才能确定站立点，明确运动方向与运动的具体路线。

确定站立点的主要方法是依据实地站立点附近明显的地形特征，用综合分析的方法确定。用这种方法确定站立点时，先进行控制对照，确定各控制点的实地位置。这时的控制对照是在站立点不明确的情况下进行的，但站立点在地图上的范围应是清楚的，在控制对照时，应根据各控制点本身的特征及其相互关系位置，通过综合分析，反复验证，是可以确定其图上位置的。确定各控制点（当然不是全部）的图上位置之后，再根据站立点附近的控制点，结合站立点与此控制点的方向距离，经过细部对照，即可确定站立点的图上位置。用图较熟练者在遇到有一定的起伏、通视较好的地段或在有明显地物、通视较好的平坦地时，用上述方法确定站立点会取得满意的效果，而且方便迅速。

二、按方位角行进

（一）方位角概述

在进行定向运动的过程中，往往需要从图上判断两点的相对位置。如果仅有两点之间的水平距离，而没有方位关系，显然无法确定两点的相对位置。而要确定两点之间的方位关系则必须规定起始方向，然后求出两点间的连线与起始方向之间的夹角，以此确定两点的相对位置，这就需要用方位角来表示。它是指从起始方向北端算起，顺时针转至目标方向线间的水平角（图3-1），定向地图中都以磁北为起始方向，故所用的方位角均为磁方位角。那么，在什么情况下运用方位角技术，它的技术要领是什么，如何利用方位角技术进行训练？我们根据多年的训练经验，总结出了一些方法，以期对学习者有所帮助。

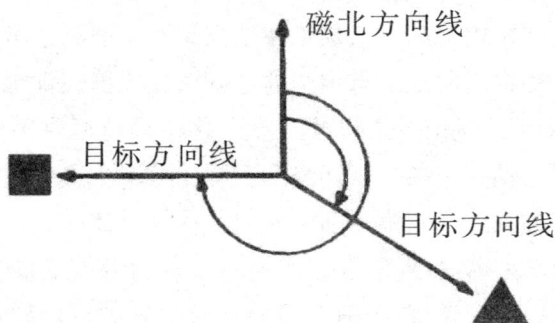

图 3-1　方位角示意图

（二）按方位角行进的应用场合

在实际定向中，有时往往由于地形平坦，森林覆盖范围较大，又无明显特征，运动员很难根据地形特征来确定前进方向或捕捉检查点。此时，运动员如果不能很好地运用按方位角行进技术，就会造成盲目被动，或是无目标地乱跑，或者过多地看地图，耽误时间。如果能熟练地运用按方位角行进技术去完成定位到找点的全过程，将大大提高找点的速度。

此外，在运动途中，当运动员遇到多条叉路线，有多个相近或相同的地物或地貌特征时，也可以采用按方位角行进技术来确定前进方向，到达目标点。

（三）按方位角行进的技术要领

通过反复实践，我们总结出在定向运动中按方位角行进的"五准"要领，即方位角要估准，攻击点要选准，距离要判准，路线要走准，目标要找准。

1.方位角要估准

获取准确的方位角有两种方法：一是利用指北针在地图上采用量取法：①标定地图；②指北针直尺边切站立点到目标点的方向线（前进箭头朝向目标方向）；③转动分度盘，使定向箭头与磁针北端重合，此时指北针中心指示线所对正的度数，即为站立点到目标点的磁方位角。二是目估法，就是根据平时经验的积累在地图上估算出目标点的磁方位角，准确度应在 ±1 度之内，这需要运动员在相当熟练后才能做到。此方法简单快捷，在训练竞赛中运用较多。

2.攻击点要选准

磁方位角测准后,若不采取措施,帮助记忆方向线,那也将事倍功半。记忆的办法除依靠指北针指示的方位角外,就是要选准和瞄准方向线上前方较远处的攻击点作为参照。攻击点必须清楚、明显,宜选那些有特点、易辨认、目视可见的,最好是高大、独立、背景开阔的。例如,电线杆、高压线、塔、独立树、独立房或某些特殊地物及林中的特殊树种等。

如果点位距离较远,利用一次攻击点达不到目的时,则需选择多次和瞄准多个攻击点,采取分段运动的办法。在运动时,切记每段均应注意还原到预选的攻击点上,防止因偏离或丢失攻击点而造成方向的偏离。

3.点距离要判准

为提高找点成功率,距离的判断也是很重要的。首先应根据地图比例尺估算出图上的距离。由于实地地形的起伏和道路的迂回曲折,实地距离应比图上距离略长。起伏越大,实地距离越长。在平时,运动员可根据自己的速度和所跑时间来确定所跑距离。

4.路线要走准

在上述"三准"的基础上,要想既快又准地行进在方向线上,如何选择好行进路线,把握好行进方向及提高行进速度,是至关重要的一环。

在按方位角或参照物行进时,由于山地崎岖不平,途中还会遇到各种障碍,因而偏离方向线也就在所难免。但如果掌握了行进要领,还是可以尽量减少偏差的。在行进时,运动员应注意下以几点:

(1)选好路线。如果是覆盖范围大的树林,地面情况又简单易行,那就应果断地采取直线穿越法。但如果是大面积的灌木林,通行困难,就不能直穿硬插,而应酌情选路绕行,否则,既耽误时间又易造成心理障碍。但若地面情况不算太复杂,属中等难度的,则可根据个人体力、越野能力等酌情处理。若当时无合适道路可选,感觉通过拼搏能过去又能争取时间的话,就硬拼。若不具备这种能力,哪怕多绕路也不要硬拼,当遇到河流、水库、陡崖、禁区、深沟等无法通行的障碍时,应纵观现地全局,毫不犹豫地选路绕行。在选路时,运动员应注意选择便于通行,特征物也较明显,又能快速接近点标的道路。

(2)减少平移误差。当遇障碍绕行、迂回后,必须及时调整,准确修正跑偏的距离。例如,若向右绕行了50 m,绕过后应有意识地向左跑回50 m,即每次绕行都应估出和记住绕行的距离及反向修正，类似蛇形前进。

5. 目标要找准

在训练和比赛中常听运动员反映，自己方向线很准，路线也走得准，可就是近距离耽误多或找错点位。这主要有以下两个方面原因：第一，距离感不强，过早地进行找点或跑过头，都会导致找不到点位。遇到这种情况，运动员应保持清醒的头脑，不急躁，不慌乱，不盲目地乱窜乱搜，更忌受他人影响或主观臆想而离弃原方向线，而应冷静下来认真分析地图，根据所跑距离寻找攻击点，找出所在站立点，再重新确定点标位置。第二，就是到位后找错点的事情常有发生。为保证比赛的公平、公正性，比赛的组织越来越严密，一点多标应运而生，也就是在同一个范围内设有多个组别的不同点标。这就要求运动员要有相当高的识图能力和判断能力，在打卡时一定要确保点标上的代号与自己所找点的代号一致时才能打卡。

上述"五准"技术要领相互依存，缺一不可，均是按方位角行进找点的重要组成部分和关键所在。运动员反复练，多体会，在"准"字上下功夫，才能做到心中有数，熟能生巧，灵活运用，提高按方位角行进的能力，提高在复杂地形中找点的速度。

（四）训练方法

按方位角行进技术训练，应按照由简到繁、循序渐进、反复体会、逐步提高的原则进行。此技术实际包括两大环节：一是快速量取方位角，判断距离，瞄准方向线，选准参照物；二是按方位角行进直至找到检查点。所以，运动员可先进行分解训练然后再综合训练，点距离和地形难度逐渐加大。

1. 基础环节（分解）训练

目的：训练运动员估算方位角、判断距离及选择攻击点的速度和准确性。

方法一：在图上作业。先在地图上设计一条完整的比赛路线，按顺序从起点到一号点，一号到二号……直至到终点。要求运动员在规定时间内（可先规定 30 s，然后逐渐减少，最后到 5 s 之内），迅速判断出这一点到下一点的方位角和距离，以及在途中可能经过的参照物，并将其标注在地图上。然后由教练统一讲评，把每点的正确数据公布给运动员，最后让运动员自行校对，检查其准确性。

方法二：实地训练。运动员在图上量测（估算）出方位角、估算出距离后，在实地选瞄方向线和攻击点，然后由教练讲评。

2. 单点可观察训练

目的：训练运动员按方位角行进的准确性。

方法一：

（1）选择范围为 200 ～ 300 m 的简单林地（如公园、乔木林），在周围设置点标，在图上标出。

（2）为便于观察运动员的行进路线，出发点应选在视野开阔的地方。运动员轮流单个出发（由教练安排，原则上回来一个再出发另一个）。要求运动员在估准方位角、估准距离、瞄准方向线、选准攻击点后，把地图交给教练员开始出发，按方位角行进找点。若找到，立即返回起点，以安排他人出发。若找不到，也需迅速返回重新进行。教练员要注意观察每个队员的动作和沿方位角行进的准确性。

方法二：

（1）选择不能直接通行、有较大障碍（如池塘、水库、茂密灌木林）的地方，在障碍物前方设置检查点。

（2）运动员从障碍物后方的某起点单个出发，按方位角进行找点。教练员观察运动员绕过障碍物后能否修正平移误差并返回到原方向线上。

3. 多点综合性训练

目的：进一步提高运动员按方位角找点的能力。

方法：

（1）在方圆 300 ～ 3 000 m 范围内，设置多个检查点。每个检查点上都挂一张地图，只标出这一点和下一点的位置。

（2）运动员在同一起点，按顺序找点。运动员在看完起点到第一点的图，量测（估算）出方位角、距离，选瞄好方向线和攻击点后，把地图交给教练员开始出发，找到第一点后，看第一点到第二点的图，以同样方法找第二点，以此类推，直到找完最后一点。要求每点都严格按方位角行进的技术要领进行，重点体会和练习按方位角行进的各个技术环节和要领。

（3）由于训练难度较大，花费时间多，所以前几次训练不需要规定时间，以体会为主。随着水平的逐步提高，再规定时间。

按方位角行进这一技术环节在定向技能中占相当大的比重，运动员只有把这个技术要领掌握熟练，运用自如，才能适应各种地形的比赛。这也是我国定向运动员在世界大赛中提高运动成绩的一个重要突破口。

三、越野跑技术

掌握越野跑的技术也是决定定向越野成绩优劣的重要因素之一。要想在比赛中既能保持高速度、长距离奔跑，又能避免一切可能发生的危险并取得好成绩，还需要掌握一定的越野跑技能。

（一）越野跑的特点

定向越野中的越野跑实际上是一种长距离的间歇跑。由于在途中常常需要停下来看图和辨别方向，在崎岖的道路上不可能始终保持均匀的跑速，越野跑总是体现出走、跑、停相交替的间歇跑的特点。在野外环境中的这种奔跑形式可以使身体肌肉的紧张与放松、身体的负荷与精神的专注不断交替进行，使参赛者身体的各个部分特别是呼吸系统与心血管系统得到较大的锻炼。也正因为这一特点，对定向越野中的越野跑技术要求不能等同于一般长跑的技术要求。

（二）越野跑的基本要求

1.基本跑步姿势

上体保持正直或微向前倾，使身体各部分（包括头、颈、躯干、臂、臀、腿、足等）的动作协调配合。善于利用跑步中产生的支撑反作用力和惯性，这一点在山地和丘陵地带尤其重要；运动员应时刻注意调整上体的姿势，使身体保持平稳，从而提高奔跑的速度。

2.呼吸

最好利用鼻子与半张开的嘴共同呼吸。在野外，风大、尘土多，要学会用舌尖顶住上颚呼吸。呼吸要保持自然、平稳、有节奏。当出现生理"极点"现象时，应及时调整呼吸的频率与深度。

3.体力分配

可以按选择路段、比赛阶段、自身体能状况的不同确定体力分配。通过运动阶段（运动肌肉紧张）和休息阶段（运动肌肉放松）适时交替的方法，达到既快又节省体力的目的。

4.行进速度

一般来讲，越野跑的速度不宜过快。过快或在途中加速太猛不仅会影响体力的正常发挥，还会严重影响判断力。当地形有利（如参照物多，道路平坦）时，可适当加速。

5.行进节奏

行进的节奏要平稳、适宜。节奏过快会降低对周围环境的感知能力，过慢则会影响运动成绩。有节奏的动作可以减少体能的消耗。

6.距离感

在越野跑中保持一定的距离感是必要的。它不仅可以帮助运动员提高找点的速度，还有利于体力的计划与分配。可以通过测量自己的步长或参考有关数据进行距离感的训练。

7.间歇时采取的正确方式

一般来说，在间歇时采用放松性的慢跑比走好，走比停下来好，没有特殊情况不要坐。当然，当遇到迷路、迷向时就另当别论了。

（三）不同地形越野跑的技术

在越野跑时，由于跑的地点和环境在不断地变化，因此跑的技术也要随之变化。下面介绍几种在常见地形上的越野跑技术。

（1）在沿道路跑时，采用与中、长距离跑基本相同的技术，并尽量注意在路面平坦的地方可采用加速奔跑。

（2）在过草地时，运动员用全脚掌着地，看清地面，以免陷入坑洼或碰在石头上。

（3）在上坡时，上体应前倾，大腿应高抬，并用前脚掌着地，小步跑上去。当遇到较陡的斜坡时，可改用走步的方法或用"之"字形跑（走）法，必要时还可用单手或双手辅助攀登。

（4）在下坡时，上体应稍后倾，并以全脚掌或脚跟着地的方法行进。当遇到较陡的下坡或地面很滑的斜坡时，可改用侧脚掌着地，甚至采用蹲状并用手在体后牵拉草、树、撑地等方法行进，到达下坡的末端时，可顺坡势疾跑至平地。

（5）从稍高的地方（1.5 m 以下）往下跳时，可用跨步跳的方法：踏在高处的腿（支撑腿）必须弯曲并用力蹬地，另一条腿则向前下方伸出，跳下；两脚着地，并屈膝来缓和冲击的力量。在落地时，两脚应稍微前后分开，以便继续前跑。从很高的地方往下跳时，应设法降低下跳的高差，根据情况采用屈膝深蹲或坐地双手撑跳下或侧身单手撑跳下的方法。在落地时，要两腿用力，屈膝深蹲。

（6）在穿树林奔跑时，要注意避免被树枝、树叶、藤蔓等刮伤，特别要防止眼睛被树枝戳伤。此时一般都随时用手护住脸部。

（7）在过障碍物遇到小的沟渠、土坑、矮的灌木丛或倒伏树木时，要增加奔跑速度，大步跨跳而过；落地的同时上体稍向前倾，以保护腰部，便于继续前跑。在通过较宽的沟渠时，可加速跑，采用大跨步跳和跳远的方法越过。在落地时，要防止后倒。遇到大的倒伏树木或其他矮障碍物，可以用踏过它们的方法越过。遇到较高的障碍物，如矮围栏、土墙等，可用正面助跑蹬跳和单手或双手支撑的方法翻越。

（8）在通过独木桥等狭窄悬空的障碍物时，应采取使脚掌外转成"八"字形的方法。如果这类障碍物很长，就不应跑，而应平稳地走过。

第三节　定向运动的体能训练

一、体能训练的基本理论

（一）体能训练概述

1.体能训练的意义

体能是人体各器官系统的机能在体育活动中表现出来的能力，包括力量、速度、灵敏、耐力和柔韧等基本的身体素质，以及人体的形态和基本的活动能力（如走、跑、跳、投掷、攀登、爬越、悬垂和支撑等）。定向运动员的体能训练主要是为了提高各项身体机能，改善中枢神经系统及内脏器官的机能，使之能适应定向运动技战术发展的需要，保持良好的竞技状态，延长运动寿命，防止伤害事故的发生。

体能是参与定向运动的基础，良好的体能是不断提高定向运动竞技水平的重要保证。现代定向运动技能水平不断提高，竞争日趋激烈。现代定向运动对运动员的各项身体机能提出了更高的要求，体能训练的重要性就显得更为突出。发展与提高运动员的体能必须通过有计划、有目的的科学训练才能实现。

青少年运动员正处在生长发育的第二高峰期，新陈代谢旺盛，身体各器官、各系统机能发展迅速，是提高体能水平的黄金时期。加强青少年运动员的体能训练，从小打好身体基础，不仅是保证青少年运动员生长发育的需要，还是为国家培养全面发展人才的需要，是培养和造就优秀定向运动员的战略性措施。

2.学校定向运动队员体能训练的特点及要求

第一，学校体育是学校教育的重要组成部分，学校定向运动队的训练应紧紧围绕学校德、智、体、美、劳的培养目标来进行。应把训练工作纳入学校教育工作的系列，使训练工作与班主任、少先队或共青团组织、学生家长密切配合，争取教务、总务部门的支持，使队员既能保证接受系统、科学的训练，又能保证参加学校的教育教学活动，促进队员的全面发展。

学校体育的首要任务是健全学生体魄，促进人的全面发展，学校定向运动队的任务也必须把健全队员体魄作为训练工作的首要任务。对学校定向队员运动负荷的安排必须遵循其身体活动规律、运动技能形成规律和机体生长发育规律等，通过科学的训练，为培养具有健全体魄的"四有"人才服务。

第二，学校定向运动队的训练是业余训练，不能影响队员正常的学习教育活动，而体能训练也必须在业余时间的训练课上进行。所以，运动负荷的安排既要体现教育教学活动规律的周期性，又要反映出对不同年龄、性别、体质、水平的学生给予不同的训练强度、密度、时间的要求。一般来说，复习考试期间运动负荷宜小，寒、暑假期间运动负荷宜大，平时训练运动负荷应适度。

第三，学校定向队员大多数都在人体生长发育的第二高峰期（11～12岁），他们的起始训练时间和最佳训练时期刚好在学校里度过。了解他们在这一时期的身心特点，将有助于更科学地安排训练内容和制订体能训练计划，促进他们的身体得到全面的发展。

中枢神经系统：青少年运动员神经系统的发育优于其他系统，神经活动的兴奋和抑制过程呈不平衡状态，兴奋过程占优势，表现为活泼好动，精力充沛。由于新陈代谢过程旺盛，疲劳也容易恢复，模仿能力较强，容易建立条件反射，但动作不够协调精确，不巩固，易消退。神经活动中第二信号系统的活动还不完善，抽象思维能力较差。因此，在体能训练中，教练员要多做示范，多采用直观形象的手段与方法，使他们能直接得到形象的和各肌肉本体的感觉，形成正确的动力定型。

骨骼系统：青少年运动员骨骼迅速增粗和加长，一般平均每年长 7 ~ 8 cm（有的长 10 ~ 12 cm）。12 ~ 14 岁的女运动员和 13 ~ 15 岁的男运动员处于性成熟的前期，骨骼的生长速度加快，骨的成分比成年人胶质多、钙质少，未完全骨化，骨的弹性和韧性较好，但承受力和张力不如成年人；所以在体能训练中，要注意身体的全面发展，防止局部负担过大，多做对称性练习，并用多种方法交替进行。这一阶段宜做速度、跳跃的练习，促进骨骼的增长。在进行力量训练时，要注意负荷，避免大重量的练习或过多采用静力性练习，不宜在水泥或沥青场地反复进行跳跃练习。

肌肉系统：青少年运动员肌肉中水分较多，蛋白质含量较少，随着年龄的增长，肌肉中的蛋白质含量会逐渐增加，肌肉的收缩和弹性也随之提高，但柔韧性会相对降低。肌肉的重量也随年龄的增长而增长，8 ~ 12 岁时，肌肉生长速度开始加快，尤其是 15 ~ 18 岁增长最快。在 12 ~ 15 岁阶段，肌肉主要是纵向增长，肌肉雏形是细长的；与成年人相比，肌肉横断面积较小，肌肉的收缩力、伸展性、弹性和耐抗力不如成年人。因此，在发展肌肉力量时，宜多做多种徒手练习，以及不负重的跑和跳跃练习来发展肌肉力量。15 岁开始，适当增加负重量。发展力量应以动力的练习为主，宜多做助跑起跳、变向移动、挥臂击球等练习，要增强肩、膝、踝和腰背肌、腹肌的力量，多做一些带有爆发性而又能很快自然放松的练习。要注意发展小肌肉群的力量，保证身体得到全面发展。

心血管系统：青少年运动员心肌纤维短而细，肌纤维之间的间质较少，心脏重量比成人小。随着年龄的增长，心脏的重量、容积及心率不断变化，到 18 岁时接近成年人水平。心收缩力较弱，心输出量较小，但新陈代谢旺盛，交感神经系统占优势，心率比成年人快；心脏功能和神经系统的调节均不及成年人，但血管弹性优于成年人，血压比成年人低，16 ~ 17 岁时血压接近成年人水平。因此，在对学生进行体能训练时，应合理安排运动负荷。少儿运动员不宜做持续而紧张的耐力性练习，随着年龄的增长，可逐渐增加耐力训练的比重，但练习密度可大些，间歇次数要多些。13 ～ 14 岁以后可以承受较大的运动负荷，但要循序渐进，区别对待，应多做一些促进血液循环系统功能的练习，例如间歇跑、竞赛跑游戏、打篮球、踢足球等活动，以提高血液循环和呼吸机能。

呼吸系统：青少年的呼吸系统处在生长发育的过程中，他们的呼吸频率较快，12 ～ 13 岁约为 12 ～ 14 次 / 分钟，队员的呼吸深度和肺通气量均比成年人低，屏气时间较成年人短。随着年龄的增大，呼吸机能逐渐提高。因此，在进行体能训练时，要突出以强度为主的间歇性训练，避免强度较大且持续时间较长的练习。训练强度应循序渐进，不能要求过急。教练员要培养他们加大呼吸深度和使呼吸与动作配合的能力，尽量减少屏气活动。

（二）体能训练的内容与基本要求

1.内容

定向运动员体能训练应包括速度、耐力、弹跳力等素质，这些素质称为一般身体能力。反应速度、起动速度、短跑速度、中长跑耐力、灵活应变能力、跨越能力等称为专项身体能力，专项体能的发展应建立在一般体能的基础上，在安排体能训练时要考虑到它们的特点，只有使两者有机结合，才能有效、全面地发展运动员的专项身体能力。

2.基本要求

（1）体能训练的方法要多样化。长期以来，人们对体能训练的看法是方法单一，枯燥无味。产生这种看法的原因之一是对体能训练的意义认识不足，产生心理惰性；另外，在安排体能训练时，方法简单，形式呆板，甚至对较先进的方法缺乏足够的了解，给运动员下达的训练指标往往是硬性的多，这样就导致运动员在训练中积极性不高，从而影响了训练质量。因此，在训练中要充分做好组织工作，明确要求，调动运动员的积极性和主动性，并结合竞赛性和游戏性的体能训练方法，使他们在情绪高涨、兴趣浓厚、兴奋性强的情况下练习。

（2）体能训练必须全面安排。定向运动本身需要运动员具有全面的身体能力。如整个比赛中的越野跑需要运动员有良好的耐力；在明确运动方向和运动路线情况下，并且在平坦的大路上奔跑时就需要运动员有短跑的速度；离开检查点时要有很快的起动速度；在越过小沟渠时要求有较好的跨越能力。各单项身体能力之间有一定的内在联系，如在发展短跑时也发展了起动速度。因此，体能训练应结合各阶段训练的任务，在全面安排的基础上，突出主要能力的发展。

（3）合理安排体能训练的时间和运动负荷。队员在大脑皮层处于良性兴奋状态时进行体能训练效果最好，而且不容易受伤。运动负荷安排要合理，大、中、小要结合起来，合理搭配，不能一味追求大运动负荷，但训练中既要有足够的负荷，又要科学地掌握间隔和休息时间，应尽量在超量恢复阶段开始下一次的训练。在内容次序的安排上，一般是把协调、速度等内容放在课程的前半部分进行，力量、耐力等内容放在课程的后半部分进行。要上、下肢搭配，左、右侧平衡，避免因肌肉过度疲劳，影响训练效果。

（4）根据训练对象的情况有针对性地选用训练手段。学校定向运动队员在年龄结构上差别较大。对中、小学队员进行的体能训练，主要突出基础素质的训练，结合各时期身体能力发展的规律及性别的差异，选用针对性较强的训练手段。如初中、小学的定向运动队员在发展他们的下肢力量时应避免负重，而较多地选用克服自身阻力的方式，以免对脊柱骨骼的生长发育造成不良影响。又如利用短距离冲刺跑来提高速度能力时，可根据情况，安排上坡跑以提高后蹬力，安排下坡跑以提高频率。投实心球可以发展上肢和腰腹肌力量，而投网球则可重点发展上肢和腰腹肌的速率与协调性。

（5）体能训练应与技能训练有机结合。学校定向运动队员的体能训练既可以通过无图的越野跑训练，又可以通过持图跑的专项技能训练来实施。训练的手段主要是通过如短跑、中长跑、越野跑等进行练习。在技能训练过程中也同时可以进行体能训练。在技能训练开始阶段，应以技能为主，体能训练次之。当技能达到一定水平后，应该两者并重，高水平运动员则偏重于体能。

（6）加强体能训练的计划性。体能训练要长期坚持，不能间断，也不能搞突击。应按照学校的培养目标，针对不同年龄、性别的运动员的特点，制订长期和年度、学期计划，根据不同的训练周期安排体能训练的相应比例。一般来说，寒暑假期间体能训练的比例可大些，比赛期间也应保持一定比例的体能训练。在训练内容、方法和运动负荷等方面应注意循序渐进、因人而异、区别对待，杜绝"大锅饭""一刀切"的现象。

（7）体能训练要有具体指标的要求。体能训练要讲求实效，不能走过场，更不能急功近利、投机取巧，要严格遵循青少年身体发育的规律，以及他们的年龄、性别特点，从而对体能训练进行科学而周密的安排，把体能训练的任务落到实处。因此，体能训练必须要有具体指标的要求，分阶段落实到全队，落实到每个队员，并通过阶段考核来检验是否达到训练指标的要求。对每个队员的体能状况，需要解决的问题及相关指标，已取得的进步，存在的主要问题以及今后的训练任务等，教练员都要做到心中有数，为安排落实好下一阶段的训练打下良好的基础。

二、定向运动的一般体能训练

定向运动的一般体能包括耐力、速度、弹跳力、柔韧和协调性等，同时还应包括判断、意志等能力。这些能力是由机体的形态结构，各系统器官的机能水平，能量物质贮备，代谢水平及大脑的意志品质等决定的。一般体能训练与专项体能训练不同，它可以通过田径、越野、球类等多种训练方式，促使体能获得提高。

（一）意志行为素质

意志行为是指为达到既定的目的而自觉努力的心理状态，它支配着运动员的行为。而定向运动正是一种有意识、有目的的意志行为。竞赛的目的是要求选择最佳路线并以最快的速度跑完全程，尤其是野外长距离定向运动，要求运动员机体长时间活动，就要具有与疲劳作战的能力，同时还应保持清醒的头脑，以做出正确的判断。这就意味着运动员克服疲劳的能力越强，坚持工作的时间就越长，表现出来的意志行为素质也就越高。当运动员在很高的速度耐力强化条件下，要求克服肌肉长时间活动而引起的体力上的疲劳，困难就更大，所表现出意志力就更强。运动疲劳不仅是体力上的疲劳，还包括感觉，情感和意识上的多样性"疲劳"。

定向运动的意志行为训练贯穿于整个训练中，特别是个人在野外灌木丛中奔跑时，没有过硬的意志品质是难以坚持下来的。因此，教练员在平时训练时一定要注意培养运动员以超人的意志力，为实现预定的目标，勇于战胜一切困难的心态。时刻以"我是一名优秀运动员，我面临困难的程度愈大，战胜困难的意志力就愈强"的信念来支撑、鼓励自己,用全部力量去拼、去搏、去争,不惜一切代价去赢得胜利。

(二)一般耐力素质

耐力素质可视为定向运动的"法定"素质。耐力一般理解为在一定时间内,运动员能发挥最佳速度持续跑的能力。耐力主要是在平时训练中不断克服疲劳的过程中获得的。运动员只有在训练、比赛中出现疲劳时坚持跑下去,耐力素质才能有所提高。可以说,不克服疲劳就没有耐力。

定向运动的耐力训练有别于田径运动中长跑的耐力训练。因为它是在不规则的场地上跑步,同时路程中有上坡、下坡、障碍物、检查点等,跑步的速度就会时快时慢,没有规律,这就更加提高了对运动员的要求。所以,教练员的训练必须针对这些特点进行,田径场上的训练只能检查运动员的耐力是否有所提高,平时的大部分训练时间应安排在野外,以适应定向运动中不规则的跑步场地。

三、定向运动的专项体能训练

定向运动的专项体能特指野外跑的能力。在公路、乡间小道上跑动时,采用基本上与中长跑相同的技术。但由于路面比较坚硬,因此着地时要注意做好缓冲动作,用前脚掌先着地,后蹬用力的程度和大腿前摆的高度都要比在跑道上小一些。

在跑上坡时,步幅要小,上体前倾,用前脚掌在距离身体重心投影较近的地方着地,适当加大后蹬用力和大腿高抬的程度。在跑下坡时,上体直立或稍后仰,步幅适当放大,步频减慢,用全脚掌或脚跟先着地。

在树林或灌木丛中跑动时,一方面要防止被树枝擦伤、刺伤,另一方面要防止草丛中的杂物绊脚或陷入坑洼,因此,跑速要慢,用全脚掌着地。当遇到沟渠、栅栏等障碍物时,不能降低跑速甚至要适当增加跑速,用大步跨越。

(一)专项耐力素质

定向运动的专项耐力不同于中长跑运动员在整个跑程中始终保持相对均匀的跑速。它一般有长、中、短距离的比赛,各种距离比赛的检查点的相互距离也各不相同,在检查点停下打卡后又得迅速接着跑,这就要求运动员具有高速跑一段距离停下三秒左右，接着快速跑进的能力。训练中可采用在校园内规定路线跑足够 500 ~ 800 m 后签名再跑，跑 4 次为一组，训练强度取 80% ~ 90%。

专项耐力对定向运动员是至关重要的。定向运动员如果只有一般耐力，专项耐力欠缺，在田径场上的长跑成绩无论有多好，定向成绩都是无法提高的。专项耐力越好，野外奔跑能力才能就越强。

（二）速度素质

速度素质是田径运动员最基本的素质，对定向运动员也同样重要。速度有三种表现形式：绝对速度、基础速度和相对速度，相对速度对定向运动员来说是关键。相对速度是建立在基础速度和专项耐力基础上的，基础速度又建立在绝对速度和速度耐力的基础上。因此，相对速度在某种意义上来说对定向运动员起着重要的作用。

中、短距离的定向运动竞赛，各检查点之间的距离一般在 300 ~ 500 m，所以定向运动的速度素质相对于长跑来说要求就更高，没有一定的速度，在比赛中就取得不了好的成绩。

（三）有氧训练与无氧训练

现代研究表明，只有氧债占 70% 时为无氧代谢，氧债为 30% 时为有氧代谢。从表 3-2 中可以看出，5 000 m 以上为有氧代谢，800 m 与 1 500 m 处在无氧与有氧代谢的临界区间内，也可称为混合代谢。

表 3-2 不同项目对氧的需要量与氧债的对比

项目	需氧量 /L	氧债 /%	获氧量 /L
800 m	27.0	67.7	23.3
1 500 m	38.0	47.5	52.5
5 000 m	90.0	20.0	80.0
10 000 m	178.0	10.0	90.0
马拉松	763.0	2.5	97.5

定向运动员与长跑运动员一样具有良好的耐乳酸能力。提高有氧与无氧训练水平是定向运动员的努力方向。定向运动项目中有氧训练与无氧训练的比重因各项赛事的不同而不同，野外定向距离较长，有氧训练的比例就较大，无氧训练则相反；公园定向一般是中短距离，有氧与无氧训练当同等重要，忽视无氧训练肯定会影响到比赛成绩。

第四节　定向运动的心理训练

定向运动员的心理训练是指根据定向运动的特点和运动员心理活动的规律，有目的、有计划地培养运动员在训练和比赛中所需要的心理素质，以及调节心理状态，提高适应比赛的能力，以确保最佳竞技水平的获得和发挥。

一、心理训练的作用

心理训练是定向运动训练的重要组成部分。定向运动是一项体能与智能并重的运动，运动员必须在快速奔跑中思考问题、判断问题和解决问题，所以定向运动员的心理训练显得特别重要。其主要表现在以下几个方面：

（一）促进运动员心理过程的完善

心理训练可以培养运动员在训练和比赛中精确的运动知觉、敏锐的思维、良好的注意力稳定性与迅速转移能力，以及稳定活动的情绪和坚强的意志品质。

（二）促进运动员个性心理特征的形成和发展

心理训练可以对运动员良好性格的形成和发展产生巨大影响，可以发展其临"强"不惧、沉着冷静等独特风格和训练及比赛中所需的特殊能力。

（三）促进参加训练和比赛的适宜心理状态的形成

心理训练可激发运动员具有正确的比赛动机和强烈的求战欲望，建立必胜的信念。同时，可以提高运动员的自我控制能力，及时消除心理障碍以及由此带来的行为障碍，使其心理状态适应训练和比赛的要求，从而为提高运动技术水平和获得最佳竞技状态奠定良好的心理基础。

（四）促进运动员加速消除疲劳

大运动负荷的训练和比赛容易导致运动员身体上和心理上的疲劳，即运动员在消耗巨大身体能量的同时，也要付出巨大的心理能量。在一般情况下，这种体力上和脑力上的疲劳可以通过休息、睡眠和营养来消除，而心理训练可以加速消除疲劳及恢复体力和脑力的进程。运动员借助心理训练可迅速地减少心理紧张，克服心理抑制状态，较快地恢复所消耗的神经能量。

二、心理训练的内容与方法

（一）心理训练的内容

定向运动员心理训练的内容，在不同的训练阶段，针对不同的训练对象，应有所区别。总的来说应包括运动员成就动机与必胜信心（理想、信念）；稳定而不断增长的情绪；勇敢顽强战胜困难的意志；出色的专项认知能力（注意、记忆、想象、思维、运动感知觉等）；良好的人际关系与社会适应能力；优良的个性品质等方面的培养和训练。

（二）心理训练的方法

1.注意力训练

注意力训练是指坚持全神贯注一个确定的目标，不为其他杂念所干扰而分散的一种能力。集中注意力训练是一种综合性训练过程，注意力集中的强度依赖于精神机能，注意力的保持与延长取决于肉体机能。造成运动员注意力分散的原因很多，如疾病、失眠、疲劳、急躁、轻敌、过分计较个人得失，以及环境的变化等，都会妨碍注意力的集中。

2.表象训练

表象训练是指有意识地、积极地利用自己头脑中已经形成的运动表象，进行回顾、重复、修正、发展和创造自己的动作。良好的表象训练可帮助运动员形成精确的运动知觉、清晰的运动记忆和敏捷灵活的想象能力，可使他们尽快地熟练掌握技术，减少运动员的各种焦虑，增强自信心。

表象训练的方法有以下几种：

利用多媒体设备，通过观看比赛实况等方法，然后结合自己实际练习时所产生的体验，建立起技能概念。

详细地想象自己在完成定向技能时最成功的经验和最不成功的经验，仔细地检查技术过程中的每一个环节。

教练员根据运动员的情况，采取针对性的语言刺激，不断强化运动员头脑中的技术概念，促使他们在训练中做到"边练、边想、想象结合"。

3. 意志训练

意志训练是在运动训练中有目的地使运动员克服各种困难，完成意志行动，实现既定目标，从而提高意志品质的过程。培养意志品质主要是通过让运动员克服运动实践中的困难和解决教练员有意识出的难题来进行的。在克服困难训练中可采用以下几种方法：

鼓励法：表扬本队中意志坚强的运动员；激励运动员之间相互学习，共同提高。

诱导法：激发和诱导运动员的事业心和责任感，把运动训练成绩提高与祖国的荣誉结合起来，从而使运动员产生强大的动力，为事业去奋斗，为理想去拼搏。

刺激法：通过大运动负荷训练，运动员能承受大强度、大密度、大难度的考验，从而增强克服困难的勇气和信心。特别是在疲劳的状态下进行这种训练，对运动员的意志品质培养有积极的促进作用。

强制法：教练员下达命令，提出训练规定要求，运动员必须保质保量去完成。例如，在模拟训练中，把路线设计为 10 km，运动员必须完成，以这样的方法培养运动员的顽强意志。

4. 消除紧张心理训练

方法一是限定时间。要求运动员在规定时间内完成整个路段的训练，对其施加压力。

方法二是教练员跟跑。在跟跑过程中，教练员一方面可以观察运动员找点的情况，另一方面可以给运动员造成较大心理压力，使其在比赛中不会因为后面运动员跟跑而造成紧张心理。

5. 准备比赛的心理训练

主要方法是分析了解对手情况，做到知己知彼，百战不殆。

6. 比赛中的心理调整

开好准备会：对运动员比赛中的心理调整应从准备会开始。赛前任务会对运动员比赛中的心理状态有非常重要的影响。在准备会上详细地介绍对方的技能水平及心理特点，客观分析对手和自身的实力，摆正自己的位置，制订并布置切实可行的战术方案。一般要求对弱队不轻敌、思想上不放松，对强队不胆怯，对实力相当的队不背胜负包袱，防止想赢怕输的心理状态出现。对比赛中可能出现的困难要做充分估计，分析问题并提出解决问题的办法。教练员要用客观、准确的语言，说明比赛的意义、目的，帮助运动员调动积极性，活跃情绪，调整比赛动机。

准备活动：赛前准备活动是使运动员进入比赛状态的重要环节。准备活动主要是热身，从开始活动到浑身出汗，目的是要提高运动员的兴奋程度。教练员要准确掌握准备活动并注意观察运动员的状态，发现有状态不佳者，要善于使用积极、正面的语言进行调节，通过准备活动要使运动员做到情绪高昂、信心充足、兴奋适当，头脑冷静，从而以最佳的心理状态投入比赛中去。

赛中自我调节：比赛中运动员的自我调整是一切心理调节活动中最为重要的一环。运动员要及时把心理训练中学到的各种知识和方法运用到比赛中，对自己的心理状态进行自我调整，以保证技战术水平的充分发挥。运动员心理训练水平将在这时得到最终的体现。

（三）心理训练的程序与注意事项

1.定向运动员心理训练的程序

（1）对运动员进行心理咨询与诊断。心理咨询是一种从心理方面进行帮助、指导的过程或方法。主要针对运动员的心理障碍及各种适应、发展问题进行帮助、指导，以提高其心理自主能力，达到更佳的心理水平。咨询过程一般分为3个阶段：初期，建立关系及了解情况；中期，探明问题与选择方法；后期，帮助行动与结束咨询。心理诊断是指采用一定的手段与方法对运动员的心理状况进行测试与分析，从而对运动员心理方面的不足、存在问题的性质、产生的原因等做出正确的判断。

（2）根据心理咨询与诊断的结果制订心理训练计划并实施训练。

2.定向运动员心理训练中应注意的事项

（1）心理训练一定要列入整个训练计划，严格按计划进行，要与技能训练、体能训练以及比赛相结合，在实践中运用提高。

（2）实行咨询与诊断的心理工作者本身的条件是影响咨询与诊断结果的关键因素之一，因此应当请那些有经验的心理学专家进行咨询或诊断，以求获得正确的分析结果，保证心理训练的效果。

（3）教练员要与运动心理学工作者互相配合、互相合作，使科研与训练紧密结合，为不断提高我国定向运动心理训练的水平而共同努力。

（4）心理训练要注意长期训练计划与即时心理调整相结合。要在经常性心理训练的基础上，进行准备比赛的心理训练，并使二者有机结合，同时还要适时解决训练过程中出现的心理问题。

第五节　定向运动的战术训练

一、赛前战术

赛前战术一般指为了准备一次比赛而有意识地根据该次比赛的特点所制订的相关训练计划，制订合适的比赛目标，调整赛前最佳状态的行为。

（一）赛前分析情况，制订合理的训练计划

对于一支队伍来说，赛前训练期间应对比赛情况做充分的了解，如比赛地点的地形特点、气候，比赛项目设置、赛事规模、日程和参赛对手情况等，并根据获得的信息和队伍中运动员的构成情况，有针对性地制订队伍赛前训练计划和整体竞赛目标。

对于个人而言，各项竞技能力是否达到了较好的比赛状态，自己可以对前段时间的训练进行综合评价。首先是否清楚比赛任务，对自己的技术和体能是否有信心，有没有全力以赴和争取胜利的强烈愿望。为了达到最好的竞技状态，在训练期间要有目的地培养运动员积极的竞赛动机，要有明确而合适的竞赛目标，要有坚强的意志、获胜的信心和稳定的情绪，以及对比赛的高度责任感，从而较好地进入竞技状态。

（二）设定合理的比赛目标

制订合理的比赛目标一般要考虑到比赛规模、对手情况、自身情况、训练

水平和比赛经验等几个因素。在比赛前，参赛队员一般都会表现出较强的竞赛求胜欲，但如果竞赛目标过高，参赛队员可能会感到不安和产生恐惧心理，特别是会预感到有失败的可能性。因此，合理设置竞赛目标能使参赛队员在比赛中承受适当的压力。例如，参赛队员在去年同等级别的比赛中获得了第三名的成绩，在分析过对手情况后，认为今年的对手没有去年的对手强，在这名参赛队员极有可能拿到冠军的情况下，还是应该将目标定为"保三争二"。这样的目标有一定的灵活性，有利于参赛队员发挥技术水平。

二、赛中战术

（一）开始路段的战术

开始路段的战术主要指比赛路线中由起点开始第 1～2 个路段所运用的战术。

1.出发前的战术

（1）拿到地图后，应快速阅读地图，了解比赛路线的情况，判断第一点的方向。在目前国内的比赛中，出发的位置与起点的位置是一致的，因此在比赛出发前可以留意同组中出发靠前的参赛队员的奔跑方向。如果前几位跑的方向相同，拿图后可按相同的方向跑，边跑边读图，特别是在前进方向的路面情况较好时。如果前几位跑的方向不同，说明找寻第一个检查点可能有多条路线选择，这时出发时不应太快，应小心做出正确的选择。但在国外的比赛中，参赛队员出发后，需向前跑一段距离才能到达出发点，后面的参赛队员看不到前面参赛队员的出发路线。因此，如果到国外参加比赛时，要特别注意拿到地图出发后快速阅读地图。

（2）快速阅读地图后，根据地图、地形和路线的情况，结合自己以往的比赛经验，预计自己本场比赛时间（预计胜出时间），从而做好心理准备。只有较高水平的运动员才会使用这种战术，初学者慎用，以免造成不必要的心理压力。在国外比赛中，可以提前 1 天左右拿到检查点说明表，从而可以提前对比赛胜出时间做一个预测。目前，在国内比赛中，有时提前 1 天发放检查点说明表，有时在出发前 1～2 min 发放，因此都有足够的时间进行判断，从而做好心理准备，并结合自己的体能特点制订体能分配计划。

（3）阅读检查点说明表。检查点说明表是对检查点具体位置设置的说明，也就是对所要找的检查点所在地的地物进行说明。检查点说明对参赛队员的路线选择有一定的影响。一般参赛队员在找寻一个点标前，应该先查看检查点的代码和地物，在找到检查点后查看检查点说明，以确认所找到的点标是否正确。

比赛要求运动员寻找的是特征而不是点标旗，当检查点设置在点状或面状特征旁时，一般只需读检查点代码和检查点特征，不需要读检查点说明表中的其他内容，因为如找一个石头或房子，检查点通常放在行进方向地物的背面。但检查点设置在深绿色区域中，则需要看其他部分。当检查点设置在不可翻越的特征时，如悬崖，则要看点标旗的位置是在其上还是其下，此时要根据位置的不同而选择完全不同的路线。还有在森林中比赛，有时也需要理解检查点说明表的全部内容。

2.起点到第1、2个检查点

（1）控制跑动速度，顺利找到1号点标，建立比赛信心。比赛中开始路段是一场比赛的重点路段，这个路段对于所有参赛队员完成比赛来说都至关重要。开始路段的发挥直接影响到完成比赛的信心，如果在比赛的开始路段中出现错误，则不利于参赛队员对比赛信心的建立，甚至会导致参赛队员放弃比赛，因此在开始路段跑动不要太快，主要目的是保证顺利找到检查点。

（2）了解地图质量，熟悉制图员的风格和水平。如果地图质量差，应减少穿越，减少走小路的机会，多选择开阔的路行进。熟悉制图员的风格与水平有两个途径，一个是在比赛开始路段中对制图员的风格和水平做出判断，另一个是从比赛前组委会提供的训练地图中了解。一般情况下，应使用比赛前组委会提供的训练地图来熟悉制图员的风格和水平，因为参赛队员有足够的时间来进行判断。

（3）如果赛前组委会没有提供训练地图，参赛队员就只能利用比赛开始路段进行判断。一般情况下，制图员在测图时首先测路，对于测绘水平不高的制图员，应该考虑到，如果在测绘过程中发现一片他认为对参赛队员意义不大的绿色区域，他可能不会深入实地进行很详细的测绘，因此包括小径、植被的界线等在内的特征，可能会有较大的误差，应避免选择进入此路线。同时，不同制图员对植被覆盖情况下的可跑性判断也有一定误差，特别是测绘水平不高的制图员。因此，在比赛开始前应对此做一个初步的判断与评价。

（二）中间路段的战术

中间路段的战术主要指从比赛路线上第二个路段后开始到最后 1 ～ 2 个路段前所应用的战术。

1. 找寻检查点战术

找点过程中应注意的几个问题：第一，检查点圆圈中心是什么，应找什么；第二，攻击点选择的安全性问题；第三，从攻击点到检查点的过程应非常小心，特别是由攻击点到检查点的距离较远时。另外，当运动员在途中发现有更好的攻击点时，可利用新的攻击点，而不必再去找原来计划的攻击点。在偏离前进方向出现错误时，如果由出错时的站立点出发，可找到一个较好的攻击点时，就应改变原计划，利用新的攻击点到达检查点。

攻击点对选择路线的影响较大，要充分利用攻击点的优点，因为好的攻击点能保证运动员安全、快速地找到点标，即使在到达攻击点的路线比较复杂时，也不应该放弃攻击点而直接找检查点，这有可能会丢失更多的时间。对于从攻击点到检查点需穿越复杂地带的情况，可首先标定前进方向，判断距离，然后通过慢跑或者使用步测技术，小心地接近点标。如果距离较远，使用步测技术的误差可能较大，导致无法找到点标时，可通过分段使用步测技术的方法向点标前进。可根据整个路段中的一些小的不明显的地物或特征进行分段，一段段地使用步测技术，找到每个细小特征处，通过这些细小特征来校正或减小使用步测技术进行距离判断可能导致的误差。

2. 控制奔跑速度的战术

在中间路段，控制好速度，合理平衡体能和智能的分配是比赛成败的关键。在中间路段，即使是好跑的大路，也不能全速奔跑，而是应该适当降低速度。一方面避免体能消耗过多而影响后续的比赛过程，另一方面可花一些精力研究下一路段的技术问题，如提前研究下一路段的路线选择策略。在中间赛段控制奔跑速度应用得最多的战术是"红绿灯"战术。

"红绿灯"战术主要利用概略定向和精确定向技术对比赛过程中的体能和智力进行合理的分配。在红绿灯战术中，可以把一个路段（点与点之间的距离）分为三段，就像在街口遇到的红绿灯一样。首先是绿灯赛段，在这个赛段中，主要使用概略定向技术发挥体能，尽量快地接近攻击点；其次是黄灯赛段，当快接近攻击点时，黄灯开始闪烁，这时应适当降低奔跑速度，增加找寻攻击点的注意力，以保证顺利找到攻击点；最后是红灯赛段，到达攻击点后红灯开始闪烁，这时应把主要的精力用于仔细分辨检查点附近的地形细节以保证顺利找到检查点，而速度也应该是点与点之间最慢的。

此外，在中间路段还要特别注意控制好下坡时的速度，否则很可能出现跑过检查点的情况。

3. 绿色地带的穿越战术

穿越浓密林地的目的是为了节省比赛时间，如果穿越时出现错误，那么反而会浪费时间，因此穿越只有在十分有把握的情况下才能进行。做出穿越决策时不但要通过地图仔细来分析实地的情况，而且也要考虑地图的质量，通常绿色区域在地图上的精确性和准确性相对较低，如果地图的整体质量不佳，那么借助地图穿越绿色区域就可能会遇到一些意外的情况。在这种情况下，最好的策略是放弃穿越计划。此外，还要根据实地情况及时调整穿越计划。例如，从地图上看所需穿越的绿色地带距离较短，但到达实地时却发现实地的灌木丛浓密，在这种情况下贸然进入林中，很可能走到半路时就无法继续前进。这时要迅速做出决定，是改变所选择的路线，还是继续前进，如果要选择继续前进就必须做好勇往直前、决不回头的心理准备。

在穿越绿色地带时，运动员还要注意观察等高线，原则上只有在坡度不大的下坡路段才可以应用穿越战术，上坡路段不能应用穿越战术。

（三）结束路段的战术

结束路段的战术主要指在整个比赛路线中，靠近终点 1 ～ 2 个路段时所应用的战术。由于比赛接近尾声，当参赛队员到达最后 1 ～ 2 个点位时，往往能听到终点传来的声音，这种声音对于严重疲劳的参赛队员来说，很容易导致其注意力的严重下降而前功尽弃。曾经在芬兰尤古拉的夜间接力赛中，有一支队伍一直领先，但在最后一棒时，当听到广播说到他们队目前领先时，为了保证比赛的胜利，这名参赛队员把头灯和电池放在最后一个点标的位置上，但却忘记了打卡，导致全队成绩无效。事后无论他如何向组委会解释，而且组委会在最后一个点标位置上确实也看到了他的头灯和电池，但也无济于事。因此，在比赛的最后路段时，注意力集中于找点是非常重要的。

第六节　定向运动的训练原则与计划

一、定向运动的训练原则

运动训练原则是运动训练活动客观规律的反映，是运动训练普遍经验的概括和科学研究成果的结晶，同时也是运动训练必须遵循的准则。

运动训练活动的客观规律是不以人们的主观意志而转移的，是对若干竞技项目训练实践具有普遍意义的经验的概括和科学研究成果的提炼。

但由于人们是从不同的角度去总结、研究和认识运动训练活动的客观规律的，在概括、提炼时，就有了许多不同的训练原则。目前被广泛认同的运动训练原则有专项竞技需要训练原则、周期安排训练原则、适宜负荷训练原则、系统训练原则、区别对待训练原则、自觉积极性训练原则等。

运动训练过程同时也是培养人的教育和教学过程，也必须遵循教育、教学过程的客观规律，因此在运动训练过程中也会广泛应用到某些教育和教学的原则，如全面发展原则、直观性原则、巩固性原则等。

随着运动训练实践的发展，科学技术的进步，以及人们对运动训练活动客观规律认识的逐步深化，对运动训练原则的概述与阐释也在发展和变化。运动训练原则的确定是一个动态的、发展的过程，而不是停滞的、固化的。

运动训练原则是组织运动训练所必须遵循的基本准则。运动训练原则具有普遍性，但在将它们运用到具体项目时还应考虑项目的特殊性。另外，各项目因其特殊性还具有相应的特殊或专门的训练原则。组织定向运动训练应遵循的基本原则包括竞技需要与定向发展原则、动机激励与有效控制原则、体能训练与认知能力训练相结合原则、一般训练与专项训练相结合原则、系统训练与周期安排原则、集群组训与区别对待原则、适应负荷与适时恢复原则。

（一）竞技需要与定向发展原则

竞技需要与定向发展原则是指依据提高运动员竞技能力及运动成绩的需要，从实战出发，科学安排训练的阶段划分及训练内容、方法、手段和负荷等因素的训练原则。在定向运动中贯彻这一原则就是既要从定向运动的整体特征出发，又要根据定向运动各项目的特征确定决定定向运动员竞技能力的主导因素，根据这些主导因素帮助运动员确定重点发展内容，组织训练。

（二）动机激励与有效控制原则

动机激励与有效控制原则是指通过多种方法和途径，激发运动员主动从事艰苦训练的动机和行为，并对运动训练过程实施积极有效控制的训练原则。定向运动是一种趣味性很强的运动，但要想在定向运动中取得好成绩，还必须进行长期、艰苦和单调的专门体能训练。定向运动和体能训练心理感觉间的巨大反差常常会使运动员不重视体能训练或不愿意进行体能训练。因此，在体能训练中一方面要通过合理的训练设计使训练变得生动有趣，另一方面要让运动员充分认识体能在定向运动竞技能力中的重要意义，提高他们进行体能训练的积极性。另外，运动员可能也会对定向运动本身失去兴趣或信心，教练员应该时刻关注运动员在这些方面的心理变化，与运动员一起设置合理的训练目标，让运动员不断享受到成功的快乐和幸福。

运动员竞技能力受多方面因素的影响，而且这些因素本身也处在不断变化之中，要保证训练效果，必须有效地把握这些因素的变化情况和它们对竞技能力的影响，实施有效控制并及时根据实际情况调整训练计划，保证预定目标的实现。另外，还必须对运动训练过程本身实施有效控制、保证训练过程按质按量、按技术要求进行。定向运动更是应重视对训练过程的有效控制。定向运动由于其训练环境的特殊性，教练员很难全面把握运动员的实际训练情况。因此，在设计训练方案时教练员应着重考虑训练监控的问题，训练监控计划应成为训练计划的重要组成部分，如在路线设计中设计几个检查区或交流区，使教练员可以利用这些区域对运动员实施监控或指导。

（三）体能训练与认知能力训练相结合的原则

体能训练与认知能力训练相结合的原则是指在进行体能训练的同时进行认知能力训练的训练原则。定向运动是一项体能与认知相结合的运动，在运动中清晰、快捷的读图能力和决策能力是运动员竞技的关键因素。定向运动要求运动员在不断变化的环境、不断变化的跑速和疲劳状态的干扰下进行大量的认知活动。反过来，在运动中进行认知活动也会干扰机体对身体活动的控制能力。

因此，除了技术训练，在体能训练中也要为运动员安排适量的认知任务，培养运动员在运动中和疲劳状态下的认知能力，同时也培养运动员在进行认知活动的同时灵敏控制身体运动的能力。

（四）一般训练与专项训练相结合原则

一般训练是指用一般性身体练习全面提高运动员各器官系统机能，发展各种运动素质的训练。专项训练是指用专项性练习和比赛性练习提高专项水平所需要的各器官系统的机能和运动素质。一般训练与专项训练相结合的原则是指导定向运动体能训练的主要原则。身体素质是相互联系和制约的，各个项目对各种素质有不同的侧重，为了使某一身体素质获得最大限度的发展，必须相应发展其他素质。各项运动素质的全面发展有助于专项运动素质的发展，专项能力的提高反过来也可以促进一般身体素质的提高。定向运动本身特有的运动环境不但使定向运动有明显的专项素质要求，而且对各项素质的全面发展提出了很高的要求。

在定向运动体能训练中贯彻一般训练与专项训练相结合原则就要根据专项特点、运动员训练水平、不同训练时期和阶段的任务，恰当地安排两者的训练比重。定向运动专项运动环境复杂并存在着诸多的安全隐患，体能消耗大，对运动员机能和素质要求高，要求运动员具有全面协调发展的身体素质。所以，一般训练应该占较大的比重。特别在多年训练的基础训练阶段和年度训练的一般准备期更是如此。

另外，对于年龄小、训练水平低的运动员，一般训练应占较大比重；而对于年龄大、训练水平高的运动员，则应该加大专项训练的比重。在多年训练的基础训练和初级专项提高阶段，年度训练的一般准备期、过渡期和恢复调整小周期，一般训练的比重应该大；而在年度训练的专门准备期和比赛期，则应该加大专项训练的内容。

（五）系统训练与周期安排原则

系统训练与周期安排原则是指根据运动训练结构特点、竞技技术呈现特征和重大赛事安排规律，系统持续地、周期性地组织训练过程的原则。系统训练与周期安排原则是由人的生物适应的周期性和长期性，竞技能力形成和发展的连续性、周期性与训练效应的不稳定性决定的。

在定向运动中贯彻系统训练与周期安排原则就是要尊重运动员成长的阶段性规律，有目的、有计划、有侧重地合理组织多年训练，避免因拔苗助长而影响运动员的后续发展潜力。再者，还要结合运动员的成长阶段和赛事组织的规律合理安排年度训练，避免单纯以重大比赛为核心来安排年度训练，如目前国内的主要定向赛事多集中在 7～8 月和 11～12 月两个时间段，对于大学生高水平运动员可以按双周期安排年度训练计划，但对于处于基础训练阶段的初中学生和处于初级专项训练阶段的高中学生运动员，以及普通大学生运动员则应坚持单周期的年度训练计划。在年度训练中的每个训练阶段，每个训练中的周期和小周期都应该根据人体适应和恢复的规律来安排。另外，人体各项身体素质训练的适应和恢复规律也有明显的差别，在小周期的训练中也应根据他们的发展规律做出合理的安排。

定向运动是一项认知运动，在安排运动员技能特别是认知技能训练时应该考虑人体相关认知能力的发展规律和各项认知能力间的相互作用，如空间能力的发展规律和性别差异。

（六）集群组训与区别对待原则

集群组训与区别对待原则是指运动员以组、队形式共同训练，同时依运动项目、个体特征、竞技水平的不同而进行不同训练安排的训练原则。

除了不同运动专项的不同要求，运动员个体各方面的条件也是千差万别的，这些差异有的是由先天遗传因素所决定的，有的则是因后天生活、学习环境和训练条件的不同而形成的。不但训练的起点不同，而且随着训练过程的发展亦会产生不同的变化，如有人某些方面身体素质好，而有人则另一些身体素质强。训练和比赛对手、场地、器材等的差异也决定了训练中对不同运动员有不同的要求。因此，训练过程中区别运动员的不同情况，有针对性地训练，才能取得理想的效果。

在训练过程中贯彻这一原则的主要要求包括两点：第一，要深入了解和掌握运动员的项目特点和个体特征，以及其因地因时而产生的变化，采取有针对性的训练内容、方法和手段，安排适宜的负荷。第二，制订各种训练计划既要有全队的统一要求，又要有每个运动员的个别安排，对重点或有特殊发展潜力的队员还可制订专门的计划。

（七）适宜负荷与适时恢复原则

适宜负荷与适时恢复原则是指根据人体机能的训练适应规律和负荷承受能力，给予运动员适宜的负荷刺激并在负荷后及时补充运动员训练中的物质消耗，消除训练中产生的身心疲劳的训练原则。将该原则应用于定向运动中要注意，定向运动是一种体能与认知能力相结合的运动，运动员在训练中不仅要承受身体负荷，往往还要承受很大的心理负荷，因此在安排训练计划时也要考虑心理负荷的大小，在考虑恢复问题时，要重视心理过程的恢复。

二、定向运动的训练计划

（一）周训练计划

1.基本训练周

基本训练周是准备期最主要的训练周；在赛前训练期和赛间训练中也主要按基本训练周的模式组织训练。基本训练周的主要任务是使运动员产生新的生物适应，提高竞技能力水平。基本训练周可分为加量周和加强度周两种基本类型。另外，在需要给运动员机体施加强烈刺激时，还可以组织实施不同特点的强化训练周。

基本训练周训练内容的安排主要应从两个方面进行考虑：训练目标与机体负荷后的恢复情况。训练目标决定应该把什么内容放入训练计划，恢复情况决定训练内容的组织方式。训练内容安排时应注意以下几点：

（1）不同内容的交替安排。

（2）以大负荷安排为核心组织训练内容。训练内容的安排首先要确定大负荷训练的次数。如果只安排 1 ～ 2 次大负荷课，对运动员的刺激难以达到必要的深度，也不可能产生相应的训练效果；安排 3 ～ 5 次大负荷课，则可对运动员机体产生深刻的影响。

2.赛前训练周

赛前训练周的主要任务是使运动员的机体适应比赛的要求和条件，把长期训练过程中所获得的各个方面的竞技能力集中到专项竞技所需要的方向上，使运动员在比赛中能够充分发挥其所获得的竞技能力。

赛前训练周的训练内容安排的基本要求也是通过训练内容的合理交替，使运动员保持系统的持续训练，在一周中承受多次训练负荷，更加有效地发展专项竞技能力。其主要特点是训练的内容更加专项化，采用的练习更加接近专项的运动形式，练习的组织形式更加接近专项的比赛特点。在素质训练方面，一般运动素质的比例减少，而专项运动素质的比例增加；在技术训练方面，分解练习的比例减少，完整练习的比例增加，致力于提高练习的流畅感和稳定性。

3. 比赛周

比赛周的主要任务是为比赛做好充分准备，形成理想的竞技状态，创造优异的比赛成绩。

比赛周一般是以比赛日为该周的最后一天，倒计一个星期左右来确定。一般情况下，运动员的最佳竞技状态一定要在比赛前一周左右的时间内激发出来，否则就很难在比赛中获得理想的表现。

比赛周训练内容以专项技战术训练、模拟训练、热身性比赛、专项比赛和心理训练等专门性的内容为主。赛前几天可安排一次有一定强度的热身赛或热身性质的高强度训练，便于进一步激发运动员的最佳竞技状态。应对赛前热身赛及类似的赛前训练进行严格控制。首先，热身赛的强度不能过大，其次热身赛的时间不能过早也不能太晚。通常的安排模式是将力量和高强度的专项能力训练安排在赛前 3～5 天，而将恢复性的有氧代谢训练和中低强度的一般性训练安排在赛前 1～3 天，从而使运动员多种竞技能力变化曲线（超量恢复曲线）的最高点交汇于比赛日。

（二）年训练计划

1. 年训练计划的类型

大周期是构成年度训练周期的基本单元。根据年度训练中大周期的数量可以将年度训练划分为单周期（包括双高峰单周期）、双周期和多周期等类型。定向运动教练员要根据定向运动赛事的周期性特点和运动员的训练水平来安排年度训练计划的周期类型。

对于初学者和青少年运动员，应选择单周期训练模式，以保证教练员和运动员有充足的时间对运动员的技术和身体素质进行全面训练；对于以参加省级定向锦标赛或省级学生定向锦标赛为目标的中高水平的大学生运动员，也应选择单周期训练模式，以适应赛事的周期性特点；对于参加全国性赛事的高水平运动员，则应选择双周期训练模式。目前的全国性定向赛事主要集中在每年的

7～8月份和11～12月份两个时间段。因此，年训练计划最好能按一个常规大周期和一个微缩大周期的双周期训练模式安排。

2.大周期的基本结构

训练大周期是以参加重要比赛获得满意成绩为目标，以运动员竞技状态发展过程的时相性为主要依据划分和安排的。运动员竞技状况的发展包括获得、保持和消失三个依次发展的时相。与三个时相相对应，训练大周期划分为准备期（训练期）、比赛期（竞赛期）和恢复期（过渡期）。

（1）准备期。准备期是大周期中持续最长的一个时期。单周期训练的准备期通常持续20～24周，双周期的第一个大周期的准备期通常持续16～20周。为了更好地安排训练计划，可以将它们的准备期划分为一般准备期和专门准备期两个阶段。而双周期的第二个准备期通常只持续6～8周，没有必要进一步进行划分。

准备期的主要训练目的是提高运动员的竞技能力水平和逐渐培养及发展运动员竞技状态。准备期的训练是一个由一般到专项、局部到整体的训练过程。其中，一般准备期的主要任务是增进运动员的健康水平，全面发展运动素质和身体机能，特别是一般耐力和长耐力，为进一步的训练打好基础。一般准备期应注重有针对性地对运动员运动素质中相对较弱的环节进行训练，以构建全面发展的运动素质，如定向运动员可以针对自己的弱项进行专门的力量训练或柔韧性训练。而在专门准备期，应提高训练的专项化水平，如应针对定向运动的特点，发展运动员的骨骼肌肉系统，尤其是使支撑阶段对抗机能适应大负荷训练的需要，以保证重复性的支撑反作用力不会对机体造成伤害，如山地跑、跳跃等。

对于运动技能，在准备期应注重运动员基本技能，特别是跑动中读图能力的培养和打卡技能的培养。要仔细了解运动员对地图知识掌握的情况，进一步帮助运动员加深对地图的理解。除此之外，准备期还应对运动员在技能上的强项和弱项进行分析，针对运动员的弱项进行相应训练。

准备期训练负荷的特点是强度低、训练量大。应考虑训练形式的多样性，各种运动交叉训练有助于保持更好的运动量而不会给关节和肌肉带来太多的负担，以防止过度训练综合征。

对定向运动员而言，山地自行车、水中跑步、游泳都是很好的训练方式。

另外，在准备期的后期应安排少量比赛，以促进运动员竞技状态的逐步形成。

（2）比赛期。比赛期一般持续6～12周，可划分赛前准备期和集中比赛期。赛前准备期一般为6～8周，最少不应少于4周，最多不应超过10周。赛前准备期的主要训练目的是发展专项运动能力，发展竞技状态。在我国，全国定向锦标赛和全国学生定向锦标赛主要集中在每年的7～8月间，两大赛事间隔的时间较短，每一赛事的持续时间通常在1周左右。因此比赛期持续时间通常在3周左右。全国定向冠军赛和精英赛主要集中在11～12月，间隔时间稍长，每一赛事的持续时间则稍短，通常3～4天左右。比赛期持续时间通常在3～4周左右。集中比赛期的主要训练目的是维持赛前准备期所达到的体能水平，为比赛做好充分准备。

在赛前准备期的训练中，教练员应把运动员竞技能力影响最大、表现最集中的方面置于训练首位，并集中主要精力发展这些能力。比如，根据不同定向运动员的主项项目特征分别有针对性地发展在复杂地形中的奔跑能力和在公园中的高速奔跑能力，并同时发展在高速奔跑中的读图能力。将技能训练的重点由基本技能训练转移到完整技能和战术能力的训练。适当安排一定数量的模拟赛和赛前准备，特别是赛前心理准备的练习。

赛前准备期还应有针对性地发展定向运动比赛的主要能量供应系统，即要通过提高最大吸氧量、最大乳酸稳定状态水平来提高机体的能量供应能力。要逐渐增加与比赛地形相似的森林和丘陵中的训练。训练最好是间歇式训练和持续快速跑训练。

赛前准备期训练负荷的特点是逐渐由低强度大运动量向高强度低运动量变化，通过渐增负荷来增加强度。集中比赛期训练的关键是要处理好保持运动员运动素质和使运动员在比赛前得到充分恢复的关系。比赛期的训练既要有足够的量又要有足够的强度，而为了使运动员在每个训练单元和每场比赛前能得到充分恢复，比赛期的训练又要求大幅度减少训练负荷和训练量。处理这一关系首先应对运动新手和优秀运动员区别对待。在比赛期，如果减量训练期较长，运动新手在准备期获得的运动素质将会出现大比例消退，而优秀运动员的消退要慢得多。其次，对不同的运动素质区别对待，对于肌肉力量的维持，每周一次的训练就可以实现；对有氧运输系统功能水平的维持，每周要进行2～3天的训练。

一般来说，维持比赛期体能水平的训练重点应该放在强度上，而且应该超过比赛时的强度要求。对训练量也应该有一个基本的要求，训练量的减少不应该只在几个训练单元内做大幅度调整，而要逐渐降低，每次下调的幅度不应该超过平时训练量的3%。临近比赛时，力量训练、循环训练及超等长训练都应该停止，主要比赛前3～5天的训练量必须进一步减少。

（3）恢复期。恢复期一般持续3～6周，主要目的是使运动员在身体上和心理上得到充分的恢复，并使一些慢性损伤得到完全恢复。恢复期运动员应该先进行一段时间的完全休息，再进行包括一些拉伸性练习在内的主动性休息和恢复性训练。

3.大周期中训练内容的安排

（1）训练内容的安排。在每个训练时相，高水平运动员的训练应以3～4周为单位划分出数个板块结构(中周期)，分阶段地为每个板块结构确定1～2个训练目标，在相对集中的时间内接受单一的或者两个比较大的训练刺激。

训练是以每一个训练单元的训练组成的，但是各单元的训练效应是有联系的，可以发生相互影响。安排训练内容时不能将一个训练单元孤立起来考虑，而应按板块结构对训练单元进行搭配，每个板块结构都有其不同的主要任务。

训练单元按任务和目的分为三类：提高发展运动能力、保持运动能力和恢复运动能力。每类训练单元都有一定的训练负荷强度和生理恢复时间（表3-3）。每个不同任务的板块结构中必须包含一个、两个或多个提高发展运动能力的重点单元及恢复运动能力的调整单元。

表3-3　不同训练单元的负荷强度和恢复时间一览表

训练单元的任务	训练负荷强度	恢复时间/h
提高与发展运动能力	极限负荷	72
	最大负荷	48～72
	次最大负荷	24～48
保持运动能力	中等负荷	12～24
恢复运动能力	低负荷	12

另外，板块结构还要求每个训练单元在内容的安排上充分考虑主要发展的专项素质和其他专项素质训练之间搭配的兼容性，以及单元之间在内容搭配上的兼容性。表 3-4 列出了一个训练单元内可以兼容的多项运动素质训练内容。

表 3-4 训练单元中不同训练内容的可兼容性

体能训练的主要内容	可兼容性发展的其他因素
有氧能力	非乳酸能力（短跑）
	力量耐力（有氧）
	最大力量
无氧耐力	力量耐力（无氧）
	有氧恢复性练习
	有氧、无氧耐力
非乳酸能力（短跑）	有氧耐力
	快速力量
	最大力量
	有氧恢复性练习
最大力量	提高神经肌肉协调能力
	灵敏性练习
	有氧恢复性练习
技术训练	技术与体能相结合训练

在安排单元和单元间的训练内容时，应注意以下几个问题：

第一，在板块结构的重点单元中，应以 65%～70% 的训练时间用于提高和发展 1～2 项重点素质。

第二，重点单元的大负荷量或大强度训练后，应安排负荷明显降低的调整训练日。

第三，在以增加肌肉体积为主要目标的训练单元下，大强度负荷将使肌肉合成代谢的恢复过程受阻。在重点力量训练单元后，开始下一个单元训练之前应该至少有 20 h 的休息时间，并且下一个单元应该是一个负荷较小的训练单元。

第四，高水平运动员各训练单元的训练任务应尽量少而精。训练单元的任务应少于 3 个。而青少年的训练单元则应注意全面发展和训练的趣味性。

（2）训练负荷的安排。训练负荷的安排也要考虑各训练单元的相互关系，通常以周为基本单位来安排。在大强度训练后，必须安排小强度训练（恢复），以防止过度训练的发生。准备期和赛前准备期由几个小周期组合形成中周期和大周期。

第四章　定向运动教学简述

第一节 定向运动教学目标与重点

一、教学目标

（一）培养终身体育观念

培养终身体育观念，让学生从教育、竞技、娱乐休闲、健身及文化特征等方面充分了解定向运动，理解定向运动对人的生活和工作的价值，认识定向运动在学校体育和社会体育中的地位和作用，树立正确的学习态度，培养终身体育观念。

（二）提高体能，陶冶情操

提高体能，陶冶情操，全面发展学生在自然环境中的走、跑，以及走跑中的动脑思考等基本能力，提高学生的体能并陶冶情操。

（三）掌握定向运动的基本理论和基本技术

使学生掌握定向运动的基本理论知识和基本技术，以及增强体质、提高思维能力的手段和科学方法，并达到一定的竞技水平。

（四）具备定向运动课程的四种能力

具备定向运动课程的四种能力，即具备定向运动初级教程的基本教学能力、业余训练能力、竞赛组织与裁判的工作能力和定向运动健身的指导与管理能力。

（五）促进身心全面发展

培养学生良好的意志品质、创新能力、独立思考能力、独立处事能力、合作精神和开拓进取的精神，促进学生身心全面发展，以适应社会发展的需要。

二、教学重点

为了实现以上教学目标，在体育专业定向运动误程教学中应该把握以下重点。

121

（一）突出基本理论、基本技术和基本方法

教学要突出基本理论、基本技术和基本方法，使学生达到一定的运动技能水平。定向运动是一种体能与智能相结合的运动。定向运动中的动作技术并不多，除了在复杂多变的环境中的越野跑技术，定向运动只有辅助读图技术中的运动标定地图、折叠地图和拇指辅行技术是一种体验性项目，大多数定向技术以认知成分为主。定向运动认知技能的掌握应建立在反复实践的基础上。定向运动只有突出基本理论、基本技术和基本方法的教学，使学生达到一定的运动技能水平，才能为学生的进一步实践打下坚实的基础，达到定向运动课程的教学目标。

（二）突出教学内容的系统性

在突出基本理论、基本技术和基本方法的教学过程中，要注意教学内容的系统性，让学生了解定向运动的知识和技术体系，了解定向运动知识和技术体系的层次结构及互相关系，系统掌握定向运动知识和技术内容。只有这样，才能为学生在定向运动方向上的进一步发展奠定基础。

（三）培养定向运动的教学能力或社会体育指导能力

体育专业定向运动课程设置是为培养未来的体育教师、社会体育指导员以及教练员服务的。在定向运动课程的教学中，必须突出定向运动教学能力和社会体育指导能力的培养。

（四）培养定向运动创新能力

创新能力的培养是当代社会对人才培养的基本要求。在定向运动教学中培养定向运动创新能力是指培养学生围绕定向运动的独特特征对定向运动的形式、内容和实际应用的创新能力。

第二节　定向运动教学原则

教学原则是教师进行教学工作必需的基本原则，它既能客观地反映定向教学的一般规律，也是对系统教学过程中积累教学经验的概括和总结。加深理解和在教学中贯彻运用教学原则对培养学生学习的积极性、提高学生分析问题和解决问题的能力、促使教学质量的不断提高都具有重要意义。

定向教学原则是在体育教学论的基础上对定向运动教学客观规律的反映，并在教学实践的发展过程中不断得到补充和完善。目前，在教学中提出的教学原则主要有自觉积极性原则、直观性原则、从实际出发原则、循序渐进原则、身体全面发展原则、合理地运动负荷原则和巩固提高原则。

一、自觉积极性原则

（一）加强对定向运动的理解，端正学习态度

定向运动是一项集智能、体能于一体的运动，它是一项个人体验项目，只有亲自参与才能体验其乐趣和价值；同时，它又是一项团队协作项目，参与者分工协作完成任务，并从中体验团队能力和价值，是一项融团队协作和个人体验为一体的项目。

因此，学习时应先从基本理论和技能着手，让学生在实践中学习并认识，不断在体验中感到兴趣和乐趣。另外，定向即生活，人生都是在定向，每个人每时每刻都要对自己、对团队所处环境予以评估，作出决策并执行。所以，定向运动是最贴近生活的一项集智能练习、体能锻炼为一体的体育项目，需要每个人的自觉参与和体验。

（二）提高学生的学习兴趣

兴趣在学生的学习中具有一定的动力作用，创造性思维的发展又会促进学生更快地掌握各种复杂的技术环节，促使教学效果得以进一步提高。定向教学本身就是一项很有趣的体育运动项目，它不受场地、器材、环境等客观因素的影响，是随时随地都可以进行的体育游戏性项目，可让参与者在大脑的支配下按自己设计的路线进行搜索查找。

因此在教学过程制定更合理的、合乎规则要求的竞赛方法，更能激发学生学习的兴趣和爱好，并能加深参与者对该项目的理解，积极调动参与者创新的积极性。

兴趣对定向运动教学活动中的创造性思维具有良好的促进作用，创造性思维的发展又会促进学生更快地掌握各种复杂的技能要求，促使教学效果得以进一步提高。教师应根据教学的实际情况，针对学生学习中存在的问题，选用适当的方法、手段。

（三）通过教师的引导作用来培养学生学习的自觉积极性

在定向教学的互动活动中，教师必须发挥其引导作用，这也是每一位教师教学艺术水平的体现。教师必须把课堂教学组织得生动活泼、紧凑严密，在课前做好针对性备课、课上讲解简明扼要。教师要根据课程的特点，充分调动学生的主动参与性，让学生在安排检查点及选择路线时也充分体验整个教学过程中的乐趣，从而促进学生学习的自觉性。

二、直观性原则

直观性原则是定向运动技能教学中最重要的原则之一，分为以视觉表象为特征的直接直观过程、以听觉表象为特征的间接直观过程及综合本体直观体验过程三个相互联系、密不可分、互为作用的有机组成部分。

定向运动中的直观性教学原则是指在教学中通过学生观察所学事物，或教师语言的形象描述，引导学生形成所学事物、过程的清晰表象，丰富他们的感性认识，从而使他们正确地理解定向运动的知识和发展认识能力。贯彻直观性原则的基本要求如下：第一，正确选择定向运动中的直观教具和现代化教学手段；第二，直观与讲解相结合；第三，重视运用语言直观。

三、从实际出发原则

从实际出发原则是指教师在定向教学中确定的教学任务、内容以及采用的组织教法和运动负荷安排，都要符合学生的年龄、运动基础、身体发展水平等实际状况。

（一）从现有的实际状况出发组织课堂教学

课前，教师应全面掌握学生对定向运动的认识、兴趣、爱好、身体发展水平、接受能力等方面的情况。只有熟悉了以上情况，才能有的放矢地组织教学，选择合适的教学方法，合理地安排运动负荷。

教师要根据学生的接受能力，确定教材内容的深度；根据学生身体素质与掌握技术的能力，在课堂练习中降低或提高对某一技能环节的要求标准。

总之，要根据不同的教学对象，采用不同的练习方法，以达到准确地掌握技术、完成教学任务的目的。

（二）区别对待，组织课堂教学

每一次课堂教学都是根据进度和学生学习情况编写教案实现的，要根据学生之间的差异，采用区别对待的方法组织好课堂教学。例如，在一个班级里的大部分学生的智能水平和运动基础是相近的，但也有少部分学生存在一定的差距，表现为少数较好和较差两类。这就需要教师在课时任务、内容、组织教法和运动负荷等方面做到区别对待。

对有一定定向基础、接受能力较强、掌握技能较快的学生，可适当提高要求；对另外一部分智能水平较差、掌握技能较慢的学生，则应采取减少动作难度和负荷强度及加强辅导等措施，以利于学生在力所能及的条件下顺利地完成学习任务。

四、循序渐进原则

定向教学中的循序渐进原则是指教学内容、方法、顺序和运动负荷的安排要严格地遵循技能教学的规律，由易到难、由简到繁、由未知到已知逐渐深化，这样才能使学生顺利地掌握定向运动的知识和技能。

（一）教学大纲、教学进度的安排应贯彻循序渐进的原则

定向运动是新兴项目，目前在我国的普及程度还不高，学生对该项目的需要是从不知到了解。另外，它又是一项智力和体力共同参与的有趣的体育活动。因此，有了充分的理论课的指导，参与者才能对该项目产生充分认识。理论课的安排，不仅要考虑各单元理论的先后顺序，还应考虑与技能课之间的关系。

例如，定向概述应安排在定向课的开始，使学生对定向运动有一个概括的了解；对地图和指北针的使用以及点标卡的使用也应安排在教学进度之前，以使学生首先懂得怎样在运动中去认识地图，选择最合适路线，运用指北针完成打点。

定向运动的教学训练、理论课安排在实践课的中期完成，学生对该项目有了初步了解后才能真正地理解它、认识它。

定向运动的竞赛、组织、裁判方法及场地的设计和给图等应安排在定向课程的后期，可以让学生在充分掌握理论、技能的前提下自己组织教学、训练和

小型比赛。这样既充实了教材的内容，又提高了学生学习的积极性。

（二）教学内容、方法要适合学生现有的接受能力

在课程教学中，选用教材内容的难度和要求要适合学生的理解能力和接受能力，在技能课的教法步骤与方法选择上，应先从简单易懂的地理环境开始。随着技能水平的提高，可逐渐加大环境的难度和增加跑动的距离，使学生循序渐进地加深理解和认识，学习和掌握更高水准的理论知识和技术技能。

五、身体全面发展原则

（一）定向运动对参与者体能要素提出了更高的要求

定向运动中的中程耐力和长程耐力，以及关系学生体能的因素，包括力量、协调性、灵敏性和平衡能力等，都是定向运动的重要体能要素。

例如，短距离定向需要的是无氧能力，长距离定向需要的是有氧能力，中距离定向比赛则需要的是有氧和无氧能力的结合。

另外，定向运动在奔跑中还要进行读图、选择路线等认知活动。学生往往无法预测奔跑时路线和地表状况的临时性、多变性，使这种奔跑明显不同于田径场上的奔跑，因此对参与者的力量、协调性和平衡能力等体能要素提出了更高的要求。

（二）定向运动是一项休闲娱乐性项目

定向运动是一项休闲娱乐性项目，它可在教室、操场、校园、公园、小树林等环境中进行。在自然地形中奔跑是一种十分有效的发展心肺功能以及锻炼肌肉的协调性、灵敏性、柔韧性和平衡能力的方法。另外，定向运动的乐趣增加了活动的吸引力，使参与者的主动性和积极性更高，运动时间和距离更长，对全身心的发展十分有益。

（三）定向运动能在运动中增长知识和技能

定向运动涉及地理学、环境地理学、数学、地图学和指北针应用等多方面的知识和技能。

通过定向运动，学生可以在休闲娱乐和健身中学习和掌握地图及指北针的使用方法，提高适应野外生存、生活和工作能力。

通过定向运动，学生能学习和应用自然地理学和环境学方面的知识，从而

拓展有关知识，更加丰富自身对世界的感知，从而使身心得以全方位的提升和满足。

六、合理的运动负荷原则

合理的运动负荷原则是指在定向运动中根据教学任务、教材特点、教学条件和学生的实际水平合理安排每学期、每次教学的运动负荷。影响运动负荷的因素是负荷量和负荷强度。负荷量是指完成练习的次数、数量、时间、距离和重量等。负荷强度指在单位时间内完成练习所用力量的大小和机体的紧张程度，包括练习时的密度、完成练习作用的时间和跑动的速度。

负荷量和负荷强度在定向教学中应是相互配合的。教学过程中，为了熟悉地图的阅读和器材的利用，负荷量和负荷强度都会相对小些。在逐步适应和掌握上述技能后，应逐步增加负荷的强度。在要求增加跑动速度时应尽量减少跑动的距离和次数，反之亦然。在这种负荷量和负荷强度交替增加和减少的过程中，学生的兴趣、爱好得以激发，有能起到强身健体的功效，有利于该项目的进一步开展。

七、巩固提高原则

巩固提高原则主要是要求学生能牢固地掌握定向教学内容中的基本理论和基本技能，为将来更艰苦的定向越野和野外生存打下良好的基础，为挑战自我、挑战大自然、挑战极限创造良好的条件。

总之，在定向运动的教学中，教师要充分利用有限的时间，组织学生进行反复、经常性的练习，且讲解应简明扼要、生动具体。精讲多练习可以有效提高课堂效果练习次数的增多，能促进学生对技能的掌握、巩固和提高；在课堂上重复练习，才能建立正确的思维方式和跑动节奏，才能巩固和提高所学技术与技能。

第三节 定向运动教学方法

一、定向运动基础知识教学

定向运动是融知识与体育于一体的典型的体育运动项目。没有一定的地理知识和识图能力，要开展定向运动是寸步难行的。所以，开展定向运动要先学习和掌握定向运动的基本知识。在定向运动基础知识教学中，要讲究教学方法，提倡理论与实践相结合，促进学生掌握和巩固定向运动基本知识。

（一）定向运动的基本情况介绍

1.教学任务

使学生了解定向运动的基本情况，建立定向运动的概念。

2.教学内容

（1）定向运动的概念。

（2）定向运动的起源与发展。

（3）定向运动的现状与发展前景。

（4）开展定向运动的作用和意义。

3.教学方法

采用理论课讲授和多媒体教学手段进行定向运动基本情况介绍。

（二）定向运动器材和竞赛规则学习

1.教学任务

使学生了解定向运动比赛器材和相关竞赛规则，以及器材的结构与功能；建立完整的比赛流程概念。

2.教学内容

（1）介绍定向运动常用的比赛器材，了解器材的作用和使用方法。

（2）学习定向运动相关竞赛规则（即与参赛者有关的部分）。

3.教学方法

采用理论课讲授和多媒体教学手段进行教学。

（三）定向运动地图和指北针基本知识的学习

学习定向运动地图和指北针的基本知识，为学生在今后的定向运动的实践练习和竞赛中正确使用地图和指北针打下良好的基础。

1. 教学任务

（1）学习定向运动地图的成图原理和成图要素，以及指北针的结构和功能。

（2）定向运动地图的读识和指北针的操作。

2. 教学内容

（1）地貌、地物的成图原理，成图要素；地图比例尺、地貌符号、地物符号、地图颜色、磁北方向线、图例注记等。

（2）指北针的结构和功能。

（3）地貌和地物种类、分布、方位、走向等，地貌、地物的外表形态（形状、高低、大小、坡面陡缓、坡面外形等）。

（4）使用指北针直尺测量地貌或地物某两点的距离，根据地图比例尺计算出实地两点的水平距离，根据经验系数法计算相应实地两点之间的实际距离。

（5）使用指北针在实地某点测量磁方位角。

3. 教学方法

（1）采用理论课讲授和多媒体教学手段进行定向运动地图和指北针基本知识教学。

（2）采用实地进行成图原理和成图要素讲解。

（3）进行地图分析。

①分辨地貌、地物种类，明确它们各自的分布、方位，在地图上用笔（最好用各色彩笔）勾画出各种不同的地貌和地物：地貌主要勾画出山头，地物主要勾画出大而明显或具有独立特性的地物。以这些明显的点分析判断它们的分布和它们之间的方位关系。

②分析地形走向（山脊线、山背合水线、山谷分水线、道路、江河、沟渠等），在地图上用笔分类（或用彩色笔）勾画出各线状物线条，然后分析它们的走向。

③分析地形表面形态（山体的高低、山体的陡缓、山坡坡面状态、谷地的形状，以及其他较大地物的外表形状等）。以两个山体比较它们的高低；以单

个的山体分析山体的陡缓等外表形态；以谷地的等高线分析谷地形状，以等高线的走向分析谷地走向；分析完全按比例表示地物的符号判定其外表形状，并判定地物形状突出部位点的方位。

④学习测量地图上点与点之间的距离。利用地图比例尺换算成实地水平距离，利用经验系数法换算成实地实际距离。测量时，要选择明显的地貌或地物作为参照点，也可以选择线状物（如道路、电线线路等）上任意两点，测量和计算它们之间的距离。学习测量地图上山体坡度及换算成实地坡度的方法。测量山体坡度时，还可学习测量山地道路的坡度。

⑤学习测量磁方位角。以地图上任一站立点为中心，测量某一选择的地貌或地物作参照点的磁方位角。

（4）制作立体地图的操作。根据地图分析，采用沙土堆砌地图符号显示实物立体模型。可分组各自完成一片地图的部分立体模型；也可分工合作，每人（或每小组）一片，共同完成较大面幅的地图立体模型。通过实际堆砌沙土地图模型，形成学生对地形图的立体感觉和概念。

（5）实地进行图、地对照学习识图，实地学习指北针的操作技能。

①在明确图、地站立点的情况下，进行图地对照识图。由教师指明实地站立点在地图上的位置，进行图、地对照。可采用分组讨论分析，也可采用个人分析等方法。分区分片对周围地貌和地物进行对照分析，分析地貌、地物的外表形态，估算它们与站立点之间的距离。可能时还可以步测方法估算出距离，验证地图上测量和计算站立点到参照物之间的距离的准确程度。直接观察地形，验证图、地对照分析判断地形外表状态的准确性。

②通过图、地对照，确定地图上现时实地站立点的位置。实地站立点在地图上的位置不明确，由教师指明实地站立点在地图上的区域。进行图、地对照，确定实地站立点在地图上的位置。

③通过图、地对照，学习选择明显地貌或地物作为参照物，并在地图上测量计算参照物与站立点之间的距离以及磁方位角。

（四）定向运动基础教学中的注意事项

（1）在进行地图分析时，可采用分组讨论的方法，集思广益，取长补短，相互启发，相互学习，达到共同提高的目的。这样可以充分调动学生们的学习积极性，提高教学效果。

（2）在进行图、地对照时，可采用提问解答的方法或出题考查的方法提高学生识图的能力，同时可以了解学生识图的水平。

（3）用讲解方式辅导学生识图和使用指北针时，要以学导式方法培养学生独立思考、独立解决问题的能力。

（4）进行实地练习时，要选择不同的地域进行，地形要从易到难，以不断提高学生识图和使用指北针的能力。

二、定向运动技能教学

（一）利用现地标定地图示例

地图上的方向：上北、下南、左西、右东。

使用地图时必须水平持图，并对地图进行定向（标定地图／正置地图，将地图的方向与实地的方向保持一致）。培养方位感，强调正确拿地图的方法（标定地图、置图），在没有指北针的情况下，利用实地环境特征标定地图。若进行过程中方向改变，持图方法要随之改变，重新标定地图，保证地图的方向与现地的方向一致。

（二）持图走练习

在地图上设计一些简单的路线进行持图走（地图和实地对照走）练习，这时不用指北针。练习时强调"人在实地走，心在图中移"，学会拇指辅行法。

（三）安全路线选择

沿直线方向行进虽然距离最短，但实际中可能遇到不可翻越的障碍或难以通行的灌木丛，或路面状况不利于快速前进，或体能过多过早地消耗等不安全或不利因素，增加距离或时间。

因此，选择线形特征物如路、小路、分界线、电力线等路线前进是最简易的安全路线选择。

（四）地图简化法

简化法就是简化到达下一检查点路段的周边特征。有时地图上的地物地貌太丰富，让我们不知如何判断，这时可以去掉一些不重要的，只留下对自己有用的特征物。

（五）扩大目标范围

检查点中特征物太多太杂，不易对其中某一个进行锁定。可将视野扩大到检查点外，找出一个易锁定且易到达点标的特征物作为定向目标，在这一目标引导下快速到达点标附近，再进行精确定向达到点标。

（六）记忆地图

1.速记（细节记忆）地图练习

看地图的局部或检查点附近，看完图后回忆细节。

2.综合记忆地图练习

看完全图，然后将地图进行翻转，对地图进行综合概括性回忆。

3.实地记忆地图练习

用地图代替点标旗（也可将地图与点标旗放在一起）。队员不带图，找到点后，读图（不限时间），然后依记忆找下一张图（点标）。练习由易到难，由记忆一个检查点起，逐步增加每次必须记忆的检查点个数（隔多个检查点才有一张地图出现），直到全程依记忆完成。

（七）接力定向练习

可3名学生同时出发，每名学生跑完一条线路回来后，再跑第二条线路。3名学生完成整个练习跑的总路线相同，但练习的同一时间跑的路线不同。这个方法可改成多人接力，每个学生跑其中的一条线路，3组同时出发，可以让更多的学生参加练习。

（八）自选性练习

在练习中，教师只规定部分点的先后顺序，其他点的顺序由学生自己决定，按自己认为最近的方式连起来。

（九）星形定向练习

起点在中心，每找到一个点后必须先回到起点，再找下一点。这种方法可以锻炼学生标定地图和提高体能的能力，多人同时练习还可以增加趣味性。这种方法也可以进行记图练习。

（十）矩形练习

在规定的运动范围内借助指北针进行定向练习，范围以外的地图不出现。

这种方法可以锻炼学生指北针的运用能力、现地用图（图地对照练习）的能力和保持注意力的能力。

（十一）开窗定向练习

只提供检查点附近的小块地图（窗），学生借助指北针进行定向练习。这种方法同样可以锻炼学生指北针运动能力、现地用图能力和保持注意力的能力。

（十二）百米定向教学

百米定向是近年来国外出现的定向运动新型比赛项目。经全国定向冠军赛和定向锦标赛的检验证明：百米定向具有观赏性强、技术性高且易参与、易组织等特点，能够锻炼学生的反应敏捷能力和奔跑速度。百米定向的场地只需 100 m×100 m 左右，非常适合校园定向教学和开展定向活动。

百米定向场地可在校园通视度较好的地域，场地最好具备一定的人工地物或高大树林，能通行；地图比例尺为 1∶500，并能将场地内树木和人工地物都标在图上；定向路线距离一般小于 600 m，检查点数一般为 6～14 个（整个场地点标设置很多，有一些点标是用来迷惑学生的）。

第四节 定向运动教学过程

一、定向运动的课型

根据定向专业课程教学的实际，一般把定向课划分为讲授课、实践课、讨论课、演示课、比赛课、考核课等几种形式。

（一）讲授课

讲授课是定向理论教学的主要授课形式，所以也叫定向理论课。讲授理论课要以教学计划、教学大纲以及教材为依据，按照教学进度和教学任务的统一要求，合理安排授课时间和授课次数，并精选教材的主要内容，讲授时要概念明确、条理清楚、重点突出，并要贯彻启发式教学。

（二）实践课

实践课是指在校园、公园或野外进行技能学习和身体练习的授课形式。实践课是通过讲解、示范等手段和一定数量的各种练习，使学生掌握定向技术，提高技术水平。

（三）讨论课

讨论课是指对某一技能进行讨论，共同交流或进行分析和辩论，以达到加深理解、开拓思路的目的，同时培养学生语言表达能力和发现问题、分析问题及解决问题的能力。

（四）演示课

演示课是指运用多媒体等教学手段对基本定向技术的演示。演示课具有强烈的真实性，能使学生加深对定向技术的直观认识并提高学生的形象思维能力。

（五）比赛课

比赛课是指通过竞赛检查教学效果，提高定向技能和交流教学经验的一种教学形式。定向比赛课可在校园进行，也可在野外进行。

（六）考核课

考核课是指通过教学检查获得教学的各种反馈信息，为改进教学提供依据的一种教学形式。考核课分为考试和考查两种形式，其内容包括定向运动理论知识、基本定向技术的考核等。通过考核，可达到督促学生学习的目的，也是对定向教学过程进行控制和评价的一种方法。

二、定向运动教学安全

安全是定向运动教学必须考虑的一个问题。为了保证定向运动教学的顺利进行，应把定向运动安全放在首位。在定向运动的整个教学过程中，教师要对学生进行安全教育，加强定向运动课教学的组织纪律性；教授学生保障安全，防范危险事故的方法和措施；要求学生学会独立处理运动过程中的伤病意外事故等。教师在教学安排上要科学严谨，根据学生定向运动的实际水平安排教学内容，采用适宜的教学方法；安排野外练习时，应回避危险区域；要亲自考察实地，确保定向运动的安全。

三、定向运动教学分组

在定向运动教学的不同阶段，采用不同的分组方法有利于定向运动教学。在一般的理论学习阶段，可采用合班上课的方式。在实地练习阶段，为便于组织管理可根据教学需要采用不同的方法分组：一般练习采用任意分组（为了便于管理）；进行有一定难度的练习，采用强弱分组（为了区别对待）或强弱搭配分组（为了互帮互学）。

四、定向运动理论课的教学组织

定向运动理论课的教学组织分为课堂理论课组织、理论操作课组织、实地理论课组织。课堂理论课主要由教师讲授基本知识理论，以合班的形式进行教学。理论操作课主要是以学生进行实际操作为主的理论课，为了便于指导，可采用合组讲解、分组操作等教学方法。实地理论课是把理论课搬到野外实地上课，其目的是把理论与实际结合起来，主要以"学导式"方法教学。

五、定向运动实践课的教学组织

定向运动实践课是定向运动理论应用的实践课，主要是学生进行实践学习与练习。应根据不同的学习阶段和学生掌握的定向运动理论知识情况，采用不同的组合分组进行学习和练习，最后过渡到学生独立完成定向运动全部过程。

第五章　定向运动教学的实施

第一节　教学大纲的制定

一、课程要求

定向运动是一项体力和智力并重，集健身、情趣、知识、运动竞技和军事价值为一体的体育项目。通过科学有效的教学与锻炼过程，使学生达到促进健康、增强体质和提高定向运动能力的目的。通过教学，使学生基本掌握定向运动的读图知识与用图能力、掌握定向运动的基本技术与最佳路线选择能力，培养定向运动意识，提高定向实践能力和自我锻炼能力；在发展学生基本活动能力的基础上，全面发展学生的身体素质，使之具有定向运动所必备的体力；了解定向运动竞赛的特点，养成学生终身体育的思想和终身锻炼的习惯，为他们将来在工作岗位上应用体育知识、技能来指导实践打下扎实的基础。学生必须严格遵守体育课课堂常规，努力提高参赛能力。

二、教学目的

（一）基本目标

增强学生体质，增进健康。根据学生的生理、心理特点，全面提高学生的身体素质，使学生的身心得到全面发展；培养学生积极参与各种体育活动，养成终身体育意识和良好的锻炼习惯；具有一定的体育文化知识，并为今后的体育健身活动的延续和终身体育打下良好的基础；熟练掌握定向运动健身的基本方法和技能；能科学地进行体育锻炼；养成良好的体育道德和合作精神；正确处理竞争与合作的关系；积极主动地参与各类群体活动和校园文化建设。

（二）发展目标

针对部分学有所长的学生，使其在定向运动技能上达到一定的水准或相当于国家等级运动员水平；能独立制定适用于自身锻炼需要的运动处方；具有较高的体育文化素养和观赏水平；形成终身健身的良好习惯，更好地适应社会、服务社会。

三、定向运动课程的地位、作用和任务

（一）地位

定向运动是一项非常健康的智慧型体育项目，是智力与体力并重的运动。它不仅能强健体魄，而且能培养人独立思考、独立解决所遇到困难的能力及在体力和智力受到压力下做出迅速反应果断决定的能力。开设校园定向课程，不仅可以提高学生的运动能力，也可以使学生掌握一项自我锻炼身体的技能，对于促进全民健身活动的开展和学生体育健康标准的实施有着重要的作用。应重视对学生的意志品质、集体主义精神等心理素质的培养，提高学生的组织性、纪律性，陶冶学生情操。

（二）作用

定向运动课程有助于学生身体素质及体育素质的提高；有助于对学生进行思想品德素质教育；有助于开发学生的智力素质；有助于学生掌握定向运动和基本技术和技能；有助于学生建立终身体育意识；有助于培养学生独立分析问题、解决问题的能力和野外生存的能力。

（三）任务

定向运动教学的任务，主要是发展学生速度、力量、耐力、柔韧等身体素质和野外生存能力。全面锻炼学生身体，使学生掌握定向运动基本技能和了解定向运动的竞赛规则。对学生进行思想、道德品质教育，增强学生的组织纪律性和良好的体育道德风尚。培养学生勇敢、顽强的积极进取精神，激励学生勤奋、刻苦地学习。通过对校园定向课程的学习，提高学生的竞争意识，发扬学生勇于拼搏的精神。创设良好的课堂教学氛围，激发学生的学习兴趣、培养学生的体育意识，全面发展学生的身体素质、心理素质，增进学生的身心健康，提高学生的社会适应能力。使学生掌握体育锻炼的基本知识、技术、技能，了解体育对人的全面发展及增强体质、提高健康水平的作用及科学锻炼身体和自我评价的方法，掌握必要的体育卫生与保健知识，不断增强学生创新意识和创造能力，培养学生对体育锻炼的需要感和良好的体育意识，养成自觉锻炼的习惯和终身体育的理念。

四、教学内容和教学的基本要求

（一）理论部分

1.定向运动概述

定向运动概念、定向运动的起源与发展、定向运动种类和定向运动锻炼身体的价值。

2.识别地图

地图比例尺、地物符号、地貌符号、图例注记。

3.实地用图基础知识

如何在实地判定方位、标定地图方法、对照地形、确定站立点和目标点。

4.定向技能理论

器材介绍、出发点技术、路线选择原则与技术应用方法、检查点说明、终点动作。

5.校园定向比赛组织

比赛的基本情况、赛场的选择与布置、比赛的规则。

（二）实践部分

实地标定地图的基本方法、利用实景判别地形与等高线的关系、实地确定站立点位置、选择路线的基本方法、行进的方法和注意事项、攻击点选择、迷失方向的解决办法、技术失误与纠正方法、模拟练习。

五、校园定向课程要求

（一）全体性

课程教学属于全体学生，应使每个学生在时间和空间上都得到平等的定向教学与训练，以提高每个学生的基本体育素质。

（二）全面性

体育教学应全面提高学生的体育素质，既要重视锻炼学生的身体，增强学生的体质，又要培养学生终身体育意识和能力，还要提高学生的心理素质和体育文化素养。

（三）主体性

改革不利于学生身心发展的体育教学思想、内容和方法，确立体育教学中学生的主体地位。注重因材施教、区别对待，重视对学生体育兴趣和个性的培养，发展学生特长。

（四）主动性

唤起学生的学习积极性，让他们在自主的、主动的学习过程中掌握体育学习与锻炼的方法，学会自主学习。给予学生自主选择的空间。

六、校园定向课程的设置和时数分配

根据学校体育课程建设方案的要求，定向运动课程的设置为每学期 16 周，每周 2 个学时。

七、考核

定向考核可以分为三部分：一是定向知识内容的考核，通常是理论笔试形式，是主要考核内容；二是实践内容的考核，可以结合模拟定向比赛教学一起，按一定比例给参加定向运动学习的学生评定成绩；三是定向运动专项素质考核。

八、校园定向课程学期教学周历表

校园定向课程学期教学周历表如表 5-1 所示。

表 5-1　校园定向课程学期教学周历表

课　次	教学内容	教学要求	备注
1	介绍高校体育课程及目标、要求等；介绍定向运动的概况；身体素质练习，恢复体力	初步了解课程，发展体能，为进一步学习奠定基础	
2	学习定向地图要素、实地识图（一）快速辨别方向练习	基本掌握定向地图知识	
3	学习定向地图要素、实地识图（二）；定向专用标号；耐力练习	基本掌握定向地图知识	

课　次	教学内容	教学要求	备注
4	指北针的使用方法；现地标定地图；林地穿越跑练习；迷你定向实践	基本掌握指北针使用方法及熟练标定地图技术	
5	实地定向练习：标定地图；对照地形确定站立点与目标点；学习 SILVAI-2-3 系统；上下肢力量练习	掌握基本定向技术	
6	定向游戏（打点练习）；躯干力量、速度练习	发展定向技能	
7	定向基本理论；讲解定向基本技术（一）；定向赛事欣赏（国内）	感性认识定向，掌握定向基本理论、基本定向基础技术	理论课
8	个人星形定向实践；翻越障碍练习	掌握基本定向技术	
9	图上学习路线选择；迷你定向考核；速度耐力练习	运用定向基本技术	
10	实践型教学比赛：路线分析	实地运用所学定向技能	校园
11	介绍百米定向并练习；介绍定向运动规则；打点反应练习	学习发展技能的方法	
12	百米定向体验赛：路线分析、讨论；定速跑练习	实地运用所学定向技能	
13	身体素质考试（内容可根据情况自主选择）		
14	定向运动考试	严肃考试纪律	校园
15	身体素质与专项考试的补测	严肃考试纪律	
16	体育与健康基础理论知识：定向技能晋级的基本方法（一）；国际检查点说明符号	掌握定向专项理论知识	理论课
17/18	机动		

第二节　教学地图的准备与利用

一、定向运动教学地图的准备过程

定向地图的准备过程一般可分为以下几个步骤：区域的选择、获得该区域的使用许可、获得底图、确定比例尺、确定地图的色彩、实地测绘、场地复查、计算机辅助制作、印制地图。下面对各步骤做简单的介绍。

（一）区域的选择

对于在公园或校园进行定向教学，以下区域比较合适：

（1）单个学校或多个校园连在一起的教育园区。

（2）中小型的公园。

（3）含有足够丰富且能够被标示在地图上的地物的区域，如人造物体、小径、水系、植被及建筑物等。

（4）没有主干道穿越当中的区域。

（5）能够明显区分边界的区域。

（二）获得该区域的使用许可

在地图开始制作之前，还有一个十分重要的环节不能忽略，那就是获得场地所有者的使用许可。一般来说，要到如下部门获得这方面的许可：

（1）学校的主管部门。

（2）公园的园林管理处。

（3）公共绿地所在地区的街道管理部门等。

（三）获得底图

定向地图制作的本质，是在一张实地底图的基础上对所需的区域进行实地测绘，然后将各种符合定向比赛所需要的地理信息添加到底图上去。因此，计划制作地图区域的底图对于定向地图的制作来说是必不可少的。一般可以通过如下途径获得底图：

（1）学校的基建处。

（2）公园管理处。

（3）测绘部门。

（四）比例尺的选取

比例尺的选取可以根据场地的大小及赛事活动的目的而定。

对于校园地图，大小最好不超过 A4 幅面，比例尺一般比较大，可以为 1∶1 000、1∶2 000、1∶3 000、1∶4 000 或 1∶5 000。

对于公园地图，大小最好为 A4 或 A3 幅面，比例尺可以选择为 1∶5 000、1∶7 500 或 1∶10 000。

（五）实地测绘

实地测绘关系到地图最终质量的关键环节，其准确性、详细程度等都会影响随后赛事的公正性及比赛结果的准确性。

实地测绘一般采用两种基本技术：角度偏转和步测。角度偏转是利用指北针测量出地物与磁北线的夹角，从而根据该夹角确定地物与自己站立点的方向关系；步测就是利用步距测量出站立点与目标地物之间的距离。在实际操作过程中，我们一般将两种方法结合运用，在面对具体区域时采用先确定测绘区域的边界，然后添加线状地物和点状地物，接着添加区域性植被，最后完成等高线的步骤。具体操作过程如下：

（1）确定该时段测绘区域的边界。

（2）确定线状地物。在选定当天要测绘的区域后，从线状地物开始着手。依次将各种线状地物（道路、溪流等）添加到底图上。线状符号包括道路、围栏、溪流、输电线路等。

（3）添加点状地物。首先将线状地物附近的点状地物（岩石、人造物等）添加到底图上，然后再添加远离道路的点状地物。点状符号包括岩石、人造物体、小丘等。

（4）确定区域性植被状况。利用此时底图上现有的线状符号及点状符号，确定区域性植被的边界及拐点，最终确定该区域的情况。区域符号包括植被带、湖泊等。

（5）完成等高线。依据该区域的山体走势完成最终等高线的分布状况。

（六）实地复查

实地复查是保证地图质量的一个相当重要的步骤，它通常在实地测绘之后进行。当一块区域的测绘由一个团队来进行时，实地复查就变得尤为重要。这项工作可以统一地图的风格和详细程度。实地复查可以由团队中的某个成员担任。若地图是由某个人独立制作，那么最好由不同的人员来复查。

实地复查不是对已测绘的区域进行再次测绘，而是为了使地图的风格和地物取舍标准达到最大限度的统一。任何可能的大的变动必须与该区域的原始测绘人员进行讨论后再决定。

（七）计算机辅助制作

实地测绘完毕之后，制图员必须及时进行计算机辅助制作。计算机辅助制作的时间与实地测绘的时间比例为 1 : 1，也就是说，每天在实地测绘几个小时，就得在计算机上花费几小时进行辅助制作。一张高质量的定向地图 70% 来自后期的制作。

（八）打印地图

整张地图全部制作完毕之后，我们将地图文件导出并制作好菲林（用于印刷的软片），先打印，再进行复印，便可满足教学的需要。

二、现成地图的利用

定向运动教学的目的主要是培养学生的基本定向运动能力，增强学生体质，因此相对于比赛地图，教学地图可以简单随便一点，教学场地必须首先选择距离学校较近的地方。可作为教学用图的地图大致有以下几种。

（一）定向竞赛图

定向竞赛图是一种较正规的定向图，包括开展过定向比赛的图以及由 PWT 帮助我国修测的校园定向图。这部分定向地图是按国际定联规定制作的，用来进行定向教学能起到较好的效果。

（二）野外地形图

地形图在我国测绘部门、规划部门中很常见。可以通过正规渠道获得这部分图，稍作修测便可成为定向教学用图。

地形图通常以地图比例尺大于 1 : 10 000 为合适，这类图通常是素图（即黑白图），可以选择学校附近的区域作为定向教学地域。

（三）OCAD 测绘的野外定向地图

这类地图经过简单修测后用 OCAD 软件绘制而成，它对一些明显的特征物进行了修测，地图现势性相对较强，是最理想的教学用图。

（四）校园平面图

这种地图简单易读，比较合适用于初学者。

（五）校园基建图

这类地图现势性较强，地物也较为丰富，在进行合理的路线设计后完全可用于教学使用。

（六）手工修测的校园基建图

教师可根据教学的需要，对校园基建图进行简单的手工修测，可根据实地的情况增加一些地物。

（七）校园地形图

这类地图一般变化比较大，但大部分地形能对应起来，对于有一定基础的学生来说，这类地图更能培养学生的读图能力、判断能力，增加对学习的兴趣。

（八）用 OCAD 绘制的校园定向地图

这类图基本上与专用比赛地图一致，但成本较高。

（九）学校附近的广场、公园定向图。

地形图作为定向教学用图时，必须在修测过程中去掉地图坐标等重要数据。

（十）其他代用图

其他代用图是指一些校园规划图、公园游览图和比较好的交通图等。这类地图在定向教学初期可以使用，可利用这些图进行一些定向判定方位等技能的练习；较规范的校园平面图或校园规划图还可以进行一些距离感的练习等。这类图比较容易获取，所以也将成为开展定向教学的主要地图来源。

在定向教学过程中，可以在这类图的基础上边教学边修改，对图进行修测和重新绘制，以适应定向教学和训练的需求。质量较好的导游图经过一定的技术处理后也可以作为公园定向教学用图。

第三节　教学定向路线的设计

在定向教学过程中，一条较好的定向路线设计必须具备以下两点：一是符合定向运动路线设计的一般原则；二是必须保证整条路线是安全的。

一、定向运动路线设计的一般原则

（一）路线的难度和总长度要与教学对象水平相适应

不要认为难度大的定向路线就是好的路线，初学组别和高级组别的定向路线必须有明显区别。因此，在教学和训练中要分层次，运用多种教学手段和方法，开设定向运动理论课程。

（二）根据地形特征设置合理检查点位置

检查点是学生或者运动员寻找目标点和确定站立点位置的依据，既要体现公正，又要尽可能地展现学生的技能掌握水平。设计检查点位置的依据是图上是否有相应的地图符号的地形位置，附近是否有可以成为辅助捕捉目标的地形。

（三）根据路段距离的需要设置检查点

相邻两检查点除非地形细部有明显区别，否则其间隔不得过密（一般在小于 1 ： 10 000，比例尺地图上不得近于 100 m；而在大于 1 ： 50 000 或百米定向中检查点间隔视情况而定）。在百米定向教学中的检查点有其特征性的位置和特殊性的要求。

（四）路线的方向和长度要有一定的变化

即检查点与检查点之间的距离要有长有短并有路线可选择性。这主要是为了考验学生在定向技能上的方向感和距离感。

（五）路线要具有可选择性

可使运动员独立思考，认真判断地形，分析利弊。根据体能、技能状况作出相应的选择。

（六）防止"锐角现象"

为了防止前一名学生在找点过程中或行进时不能被后续向该点奔跑的学生发现而客观上提供帮助（注意"锐角现象"不能单纯理解为图上路线形成的角度小于90°）可以采用增加辅助引导点的方法来避免"锐角现象"。

（七）起点终点的位置要恰当

起点是人员较集中地域，全班同学都集中在此准备出发，因此起点必须要选择适合教学的场地，一般符合地形平坦、面积较大的要求，以保证有足够容量；遮蔽性要好，如果是教学比赛，更应该注意隐蔽性。任何位置都不能通视赛区，且到第一检查点间有足够遮蔽物，使学生尽快在出发后身影消失，以保证公平比赛等；终点地域也必须空旷，展望良好，便于教师工作和其他学生的参观。最后一个检查点与终点间的设置应相对简单，可画一个标记表明学生已到达终点。

二、设计定向教学路线需要注意的问题

定向教学路线的设计受到教学场地（通常是学生较熟悉的地域）和训练对象的制约，不可能像定向比赛路线那样强调定向技能，而是要充分考虑定向教学的方便以及对定向技能循序渐进的教学原则，在校园或公园等较熟悉的地域内设计不同效果的定向路线。

（一）注意在可设点的细小地域特征设置检查点

如校园内的小花坛、小树林、围墙边、行人小道、体育馆、球场、游泳池、小河边等，这些细小的位置平时可能少有人注意。教学楼道的某些地方也可以考虑设点。

（二）根据教学进程内容尽可能多地重复利用检查点位置

在同一区域内，将可能设点的地方全部考虑之后，每次按不同路线及不同方向来选择定向路线，最大限度地锻炼学生选择路线和判定方位的能力。

上述介绍只是设计定向路线的一般知识，实际在定向教学中并不是每次教学都要设计一条完整的路线。在实际教学中，可根据教学内容和进程设计出适合定向教学的路线，以提高教学效果。

第四节　基于建模的定向运动教学

计算机辅助教学是顺应时代发展的现代化教学手段，也是定向运动辅助教学的必然趋势。通过计算机建模的手段，为学生提供一个良好的个人化学习环境。综合应用多媒体、超文本、人工智能、网络通信和知识库等计算机技术，克服了传统教学情景方式上单一、片面的缺点。它的使用能有效地缩短学习时间、提高教学质量和教学效率，实现最优化的教学目标。

计算机建模课件具有体育教学生动形象直观的特点，课件中采用动态视频图像进行完整演示、分解慢放、重新回放等教学手段，向学生提供大量直观的、规范化的技术示范，有助于学生建立完整、正确的动作概念，更好地掌握技术，还可调动学生学习的积极性，从而提高教学与训练成绩。与一般的常规课程的教学相比，运用计算机科学技术所研究的新的教学方法是新鲜的、刺激的、有吸引力的，是现代教学方法手段中出现的一种新型的教学方式。

一、定向运动"建模"教学方法的作用

（一）地图所表示出来的信息与实地对照

在教学中，有些定向地图符号不易讲解清楚也很难理解，主要原因是学生对定向地图接触不多，没有定向经验，观察事物不容易全面具体。因此，教师要采用比较容易使学生接受的教学方法，这样有利于达到知识的迁移。比如，在教学中讲述高低围墙、大路小径、色彩的变化时，可利用"建模"在计算机上演示，先显示一条线上一个小黑点的图例并闪烁两次，图例下方就出现一个低石墙实景，再显示一条线上两个小黑点的图例并闪烁两次，实景中就会显示"高于 210 cm"的数字，让学生一目了然；然后用同样的方法显示大路和小径，依次展示所有图例。为进一步加深对图例的理解并增强学生记忆，我们特别制定了具有明显地物、地貌特征的定向图，设计了一条简易的定向路线，设置了若干个检查点，并将这些检查点的位置摆放在了有明显特点的地方。比如，第一个检查点放在空旷地中的独立树下，第二个摆在亭子与灌木丛之间，

第三个放在不能通过的石崖下的大石块旁，第四个放在水池边的围栏上，第五个放在小丘上，第六个放在小路的交叉点等，只要点击图中位置就能显示实景。经过图文并茂、声像并举的连续点击直观演示，让学生在头脑里建立起自己的认知结构。这样能更好地让学生理解和掌握所学的地图知识的特征，强化对新知识的印象。

（二）更多地图素材的内容演示

利用 MATLAB 软件"建模"的技术，教师可以很方便地根据教学的需要把各种不同的地形、地貌的图和一些详细的二维图上的标点更清晰、清楚、完整地表现出来。教师可以在教学中加入声音和文字说明，同计算机上出现的图形同步表达，形成动静结合的多容量的教学内容，达到视听结合、生动有趣、直观形象、便于观察和模仿的目的。例如，我们在给学生讲授定向运动路线的选择时，可播放大量的虚拟的模型地图实例，让学生了解导航点的选择，防范一些未知的危险区域。充分利用现代化技术，可弥补教师在定向教学中的不足，使教学方法和手段得到进一步的丰富和完善。

二、定向运动"建模"教学特点

随着现代化教学手段的发展，学生从他们成长过程中及生活学习中都受到了现代高科技的影响和熏陶，电子高新技术会在无形中对学生起到潜移默化的作用。学生受高科技的影响较大，对教学的要求更高，过去传统的教师讲解、图片欣赏、技法练习的教学方式因缺乏活力和时代气息已失去了对学生的吸引力，而运用"建模"教学方法，可使课堂教学显得生动活泼又有趣，它的信息量大、操作性强，更激发了学生学习定向运动的兴趣和欲望。

教师准确合理地处理教材、安排教法是影响教学质量的重要因素。在以往的定向运动课教学中，各种符号的重点难点都要教师反复讲解，学生不一定能听清楚或完全理解，教师也不可能每人都跟随去寻找各个检查点。而运用"建模"教学法进行授课，就可避免上述问题。教师可以将捕捉检查点的技术利用直播形式显示给学生观看，看懂的同学可以进行练习，不懂的同学可以重复播放一直到看懂为止。这种方法直观地解决了教学中的重点、难点，可让学生直观、主动、立体、全面地掌握完成检查点捕捉技术，提高教学实效。

三、定向运动"建模"教学方法的基本原则

（一）系统性原则

定向运动教学的系统性，是保证学生在较短的时间内学会定向运动的基本技能和技术的必要条件。在定向运动内容以及教学方法上，都应从简单到复杂、从容易到困难，循序渐进地完成教学计划，这样才有利于学生掌握定向运动的技能与技术。

（二）理论与实际相结合原则

在定向运动理论教学方面，基本知识讲解要与多媒体教学相结合，利用图片、模型等提高直观效果。采用理论课对照讲解、模拟操作练习，加强理论与实际的统一，提高理论课的教学效果，促进理论与实践的统一，牢固掌握定向运动的理论和方法。

四、定向越野"建模"教学资源的采集及运用

（一）运用思路

依据我校学生以往定向越野课上遇到的难点，以及根据定向越野初级水平教学要求与我校实际情况而设定。在理论教学时，可以充分利用校园定向地图、计算机模型课件、教学录像、CD光盘、校园总体规划沙盘模型进行讲述，也可以结合实地边行走边讲解，让学生全面了解定向地图，识别熟记地图中的地形、地貌的表示方法与各种符号的作用；明确地图与实地的关系，学会地图与实地对照的基本方法，使学生将一张平面的定向地图与立体景象结合起来；教会学生指北针正确的使用方法；学会定向基本技术方法；选择最佳运动路线方法和原则以及寻找检查点技巧，熟悉比赛过程。在技术教学中可以采用以下几个方法：

（1）"建模"教学法利用校园总体规划模型，让学生了解校园的地物、地貌符号在计算机图中的表示方法。

（2）跟随老师通过"建模"教学模拟行走认知地物地形符号，了解地图上的符号在实际地形中是怎样的。了解它们在地图上如何用不同的符号和颜色表示。

（3）设计模拟地图课件，沿指定路线行走，保持模拟地图与实地方向一致，在沿指定路线行进时，时刻保持地图定向。同时，进一步认知比较计算机模型图上的符号和实际地物，并用圆圈在纸质地图标出沿途所经过的明显的地物。

（4）全程模拟练习。通过"建模"所设计的地图在模拟定向全程练习的过程中让学生体验定向刺激与乐趣，提高学生介体识图、用图以及路线的选择能力。当然，应对不同级别学生或个别学生安排不同的练习内容。同时，要求学生之间互帮互学，进行组与组之间、个体与个体之间的相互配合，逐渐过渡到学生独立完成各项练习的目的。

（二）"建模"教学资源的采集

通过购买与定向越野教材相配套的光盘，网络上搜索并下载资源，以及同行间的交流，获取国内最新的教学及比赛资料，通过MATLAB软件来形成模拟进行课堂教学。

（三）"建模"教学资源的整理及应用方法

1.视图播放

利用"建模"教学的影像、声像结合功能，以及采集的有关定向越野的概况、基础知识等材料，加强学生对知识、信息的感性认识，有助于在实地练习时增加更直观的感受，充分激发学生的学习热情。

2.练习设计

利用"建模"技术编写的系列有针对性的练习可以化被动为主动、化抽象为具体，这种带有娱乐性的练习，能够轻松巩固已学知识。比如，若初学者在二维平面的地图与三维空间的现地之间的思维转换上有一定的困难，就可通过图地对照等对号入座的练习，来提高图地转换的速度，从而切实激发学生的学习兴趣，真正做到"减负提速"之目的。

3.动画模拟

动画模拟主要应用于路线分析、实战模拟等，不但能淡化传统教学中的凭空想象、似有非有、难以理解之苦，还能充分激发学生的学习热情，提高逻辑思维能力，化被动为主动，产生特有教学效果。

4.分层显示

利用"建模"教学的视频技术可以对有关教学内容进行分层显示，诱导学生深入浅出，从而使学生系统地掌握有关知识的效果，适宜学生自我复习。"建模"课件具有呈现客观事物的时间顺序、空间结构和运动特征的能力。将一些抽象的概念、复杂的变化过程和运动形式以内容生动、图像逼真、声音动听的教学信息展现在学生面前，将有利于知识的进一步同化。

五、定向运动"建模"教学方法的基本课型

教学是学生获得知识和技能的主要途径，也是宣传和传播信息的一种重要手段。定向运动课程的基本内容包括理论部分和实践部分。本教学为教学实践周进行安排的教学内容，以选课的形式进行教学的教学计划。实验组学生用"建模"教学，进行专项理论学习后，再进行结合实地的教学练习；对照组按照常规模式教学直接在实地进行实践教学。

（一）理论部分

1.定向运动概述

直观讲解定向运动的概念、定向运动的起源与发展、定向运动的种类和定向运动的价值。

2.识别地图

三维模型地图与二维纸质对比，如地图比例尺、地物符号、地貌符号、图例注记等。

3.在建立的模型三维地图来学习实地用图基础知识

（1）在实地判定方位的方法。

（2）标定地图方法。

（3）对照地形、确定站立点和目标点。

4.定向技能理论

（1）器材介绍。

（2）出发点技术。

（3）路线选择原则与技术应用方法。

（4）检查点说明。

（5）终点动作。

5.校园定向比赛组织

（1）比赛的基本情况。

（2）赛场的选择与布置。

（3）比赛的规则。

（二）实践部分

（1）实地标定地图的基本方法。

（2）利用实景判别地形与等高线之关系。

（3）实地确定站立点位置。

（4）沿线运动法。

（5）借点运动法。

（6）分段运动法。

（7）数步测距。

（8）用指北针标定地图与行进的方向。

（9）攻击点选择。

（10）有意偏离法。

（11）重置定位。

（12）迷失方向的解决办法。

（13）技术失误与纠正方法。

（14）模拟练习。

第六章 定向运动竞赛

第一节　定向运动竞赛概述

一、定向运动竞赛功能

定向运动竞赛是体现体育竞赛功能的一个重要组成部分。定向运动竞赛过程实现了体育竞赛的功能。从历史的角度看，体育竞赛的功能主要有促进人类和平、更新传统观念、推动经济发展、丰富文化生活。进入 21 世纪以来，人们的物质文化生活水平有了很大提高，因此户外运动越来越成为人们所崇尚的运动。组织定向运动竞赛，对推广和普及定向运动、提高定向运动竞技水平、推动社会经济文化发展有着十分重要的意义。

二、定向运动竞赛对实现体育价值的作用

定向运动的发展往往以训练为手段，以竞赛为杠杆，以局部的发展带动整个运动的发展。

运动员参加定向运动竞赛活动，既能提高身体素质，又能发挥人的主观能动性，培养良好的意志品质和独立分析问题、解决问题的能力，有助于促进人的全面发展。

三、学校开展定向运动竞赛的意义

学校是我国推动定向运动发展的主要阵地。定向运动竞赛目前已成为学校体育教育的主要内容之一，也是推动定向运动发展的重要措施，成功举办定向运动竞赛对促进学校体育工作有重要作用。

第二节　定向运动竞赛组织与编排

一、定向运动竞赛的筹备组织工作

定向运动竞赛组织有两个层次的工作。依主体与对象的不同包括以下两方面：第一层次的竞赛组织工作是作为最高层次竞赛的组织者对比赛进行策划、组织、调控；第二层次的竞赛组织工作是在一次比赛中负责竞赛的业务部门工作的具体操作与实施。

（一）组织方案

组织方案由定向运动竞赛筹备领导小组根据实际情况制定，它是筹备竞赛工作的依据。组织方案通常包括以下内容：

（1）竞赛名称和目的、任务。

（2）竞赛的规模。主要包括参加单位、参加人数（运动员、裁判员、工作人员）、竞赛组织和竞赛项目等内容。

（3）竞赛的组织机构。根据竞赛工作需要确定，包括机构构成部门、各工作部门负责人、各工作部门的工作人员名额等内容，如图6-1所示。

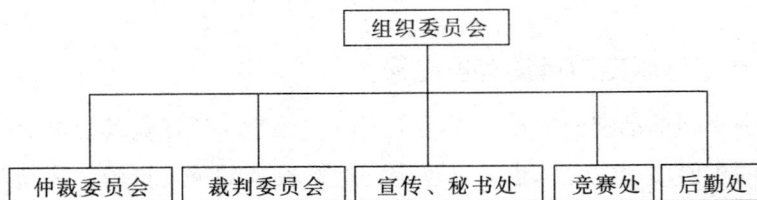

图6-1　定向运动竞赛组织机构

（4）竞赛的日期和地点。

（5）竞赛的经费预算。根据实际需要确定，一般包括地图绘制，起点、终点场面布置，以及比赛器材、裁判用具、宣传、奖品、印刷、文具、医药等费用。

（6）工作步骤。主要说明竞赛的筹备工作分哪几个阶段进行，以及各阶段的主要工作安排等。

（二）竞赛规程

竞赛规程是开展竞赛工作的依据，一般定向运动竞赛规程通常包括以下内容：

（1）竞赛的名称、目的、任务，以及主办单位、承办单位、协办单位、推广单位等。

（2）比赛时间和地点。

（3）参加单位和组别。比赛项目要根据竞赛项目的性质、规模、参加组别、运动员水平拟定。目前，我国定向运动还处在推广和普及阶段，在比赛项目设置上一定要具有群众性和广泛性，包括每单位可参加多少人（男、女）、每人可报几项、接力赛的参加办法以及参加者的资格规定等。

（4）报名办法。包括报名表格填写方法、报名截止日期、报名条件及身体检查规定等。

（5）计分及奖励办法。说明各项目录取名额、个人和接力以及团体总分的计算与奖励办法。目前，全国锦标赛各项可录取前8名，接力赛取前6名。

（6）比赛规则。说明采用国际定联审定的某年定向运动竞赛规则和根据实际情况自己制定的补充规则等。

（7）竞赛费用。

（8）裁判员组成。

（9）仲裁委员会的组成。

（10）规程解释权。

（三）组织机构

定向运动竞赛的组织与进行是一项复杂而细致的工作，为统一管理、便于工作，必须建立组织机构。机构的构成和规模根据实际需要而定。一般定向运动竞赛通常在领导小组领导下建立4个组开展工作。

1.宣传组

负责宣传教育、会场布置、开幕式和闭幕式的组织，以及奖状、奖品的发放等工作。

2. 竞赛组

负责赛事的组织，包括场地选择、地图制作和路线设计等方面的工作。

3. 安全救护组

对在比赛过程中出现的各种问题进行安全救护。

4. 后勤组

负责场地与器材的准备、奖品的购置、赛会饮水供给和医务人员配备等工作。

为了保证比赛按计划有条不紊地进行，各组要在领导小组的统一领导下协调配合，积极完成比赛的各项筹备和组织工作。

（四）定向运动竞赛秩序册的编排

1. 审查报名单

按照竞赛规程规定的参加办法，对各单位的报名单进行审查，如发现报名人数和项目超出限额，应立即与有关单位联系，及时解决。

2. 编排运动员姓名、号码对照表

运动员号码由4位数组成，第一位数代表组别，第二、三位数代表队别，第四位数代表运动员在该队的序号。

3. 统计各项目参加比赛人数

统计参加各项目比赛人数和接力赛队数，为分组和编排工作做好准备，然后填入"各项目参加比赛人数统计表"（表6-1）。

表6-1　各项目参加比赛人数统计表

单　位	短距离	长距离	接力赛
共计人数			

4.编排方式和出发顺序

同一项目不同组别的运动员一般同时出发，各组各人的出发顺序由计算机随机抽签决定。接力赛一般是统一出发。

二、定向运动竞赛其他工作

（一）竞赛前期的准备工作

（1）向有关单位提出赛事申请，获得举办比赛的正式批文。

（2）成立组织委员会，具体工作落实到各个小组。

（3）选择定向运动竞赛场地，准备竞赛运动地图，设计定向运动竞赛运动路线。根据确定的竞赛运动项目，选择适宜的竞赛运动场地，准备竞赛地图。确保至少提前两个月完成竞赛地图，提前一个月完成路线设计，并实地勘测验证运动路线设计以及起点、检查点、终点设置的准确性。

（4）根据竞赛规程和竞赛规则印制检查点打印卡、检查点说明卡、竞赛成绩纪录表、竞赛成绩统计表等。

（5）根据竞赛规程和竞赛规则准备竞赛用具和竞赛器械等。

（6）竞赛的组织接待、后勤生活保障、交通工具准备等。

（二）竞赛进行中的工作

（1）组织竞赛的开幕式，宣传大会宗旨，要求全体参赛工作人员、裁判员、教练员、运动员参加。

（2）按照竞赛规程和竞赛规则办事。裁判员公正裁判，运动员赛出水平、赛出风格、端正赛风、严格纪律、加强团结。

（3）每日的竞赛安排：包括竞赛项目、时间，以及交通、后勤保障等工作。

（4）每日的竞赛组织：包括竞赛场地设置（起、终点安排，检查点设置），竞赛实施，成绩记录、核对、公布等。

（5）根据竞赛规程和竞赛规则处理竞赛中发生的问题。

（6）公布竞赛项目成绩、名次及颁奖。

（三）竞赛后期的总结工作

（1）竞赛结束后，将全部成绩整理好并编印成册，发放给各参赛单位和有关部门。

（2）总结本次竞赛情况，必要时以书面形式向上级有关部门汇报竞赛结果及竞赛情况。

第三节　定向运动竞赛场地选择及路线设计

选择适当的场地是定向运动竞赛的重要环节，它关系到比赛能否顺利进行。

一、定向运动竞赛场地选择

定向运动竞赛场地选择与教学场地选择的要求有所不同，竞赛场地的地形要有一定的复杂性，而且在不同的水平阶段有不同的要求。在初级阶段，要选择尽可能空旷的地形，最好是广场，使运动员能最大限度地置于裁判的监督之下。在中级阶段，可选择有相当大的地形变化的校园、公园或高大、明显特征物不多的低山林地，比例尺为 1 ∶ 5 000 ～ 1 ∶ 15 000，等高距 2 ～ 5 m。在高级阶段，除非符合"地形类别丰富多样"的条件，应尽量不要在校园、公园内进行，最适合的地形类别是低缓丘陵中的林区，比例尺最好是 1 ∶ 10 000，等高距 2.5 ～ 5 m。实际上，适合高级阶段竞赛的地形标准同样适用于初学者。从初学者的角度看，只有在这种地形上才能体现定向运动"智能与体能并重"的特性，因为任何人在任何情况下离开了地图与指北针的指引都会寸步难行。这会使他们明显地感觉到定向运动的与众不同，这也就意味着我们需要对初学者进行有效的基本定向技术的教学，否则，这种地形的难度可能会埋葬他们对定向运动的兴趣。

二、定向运动竞赛的路线设计

（一）路线设计的一般原则

（1）每一检查点中心应有地物和植被等特征物供寻找。

（2）每一检查点附近最好有可能成为辅助寻找目标的地形。

（3）检查点与两个相邻检查点连线的夹角不小于 90°。

（4）在空旷无任何参照物的情况下不允许出现设点。将检查点圆圈设计在平行的等高线上也不适宜，特别是在比例尺较小的情况下，容易对运动员造成误导。

（二）初级阶段的路线设计

初级阶段的路线设计可参照教学路线设计。

（三）高级阶段的路线设计

高级阶段的路线设计，要求检查点地物或植被较小，不明显，远离道路；每个路段可供选择的路线长度为 2.5 ～ 8 km，运动方向要富于变化。

教练员必须根据运动员的不同水平来设计不同难度的路线。设计路线时必须进行实地考察，考虑各种可能因人为因素出现的影响运动员竞赛的障碍因素以及植被情况的变化等。不能选择必须经过共同区域到达的位置放置检查点，将检查点设在一个有围墙围着且只有一个门进出的小区域内更是不合理的。

（四）好的路线设计的基本特征

（1）各路段长度、难度和方向要富于变化，总的路线难度应适合参赛选手的水平；能综合考验参赛者的智力、技巧和体力，同时保证比赛的趣味性。

（2）两个检查点间距离长短的变化。长距离点间一般设计为便于参赛者快速奔跑，路线选择较少，易通行，非常考验参赛者体力。

（3）两个检查点间难度的变化。短距离点间难度大，路线选择多，常常要进行穿越或绕行，要求参赛者充分利用指北针进行比赛，考验参赛的分析判断能力、快速反应能力以及记忆能力。

（4）两个检查点间可供选择的路线多少的变化。

（5）各路段方向的变化。比赛路线虽然通常被设计为环形，但各路段间的方向应富有变化，时左时右。图 6-2（b）的路线设计 2 就优于图 6-2（a）的路线设计 1。

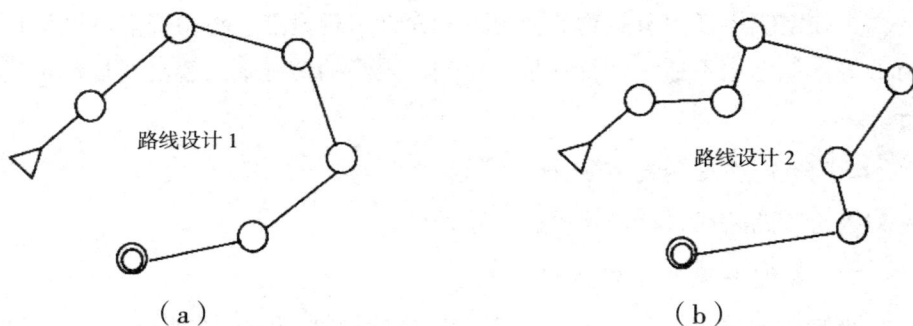

图 6-2　不同路线设计

（五）竞赛起、终点的确定

起、终点的确定主要取决于赛事规模的大小，要考虑运动员出发前、比赛结束后应安排在什么区域。后续的运动员不应该能看到前面运动员出发的方向，以保证公平性。

目前，为了提高比赛的观赏性，起、终点常常设置为同一地，但如果起、终点区域较空旷，则起、终点不能靠得太近，以保证公平，防止作弊。最后一个点离终点要近一些，一般在 200 ～ 300 m 左右，这样有利于运动员冲刺，也有利于拉引导带，控制终点现场。

第四节　定向运动竞赛裁判工作

定向运动竞赛的裁判工作是定向运动竞赛的一个重要组成部分。在竞赛中，裁判工作起着极其重要的作用。裁判工作的好坏，直接影响着竞赛的进程、运动员的比赛情绪以及运动员技术水平的发挥。裁判员不仅是运动成绩和比赛名次的判定者，也是竞赛的组织者。根据有关规定，等级定向裁判员的培养和审批工作，由中国定向运动协会负责，体育教师应了解和掌握定向运动竞赛裁判工作的基本理论知识和方法。对裁判员的基本要求是掌握定向运动基本技术、比赛规则和方法，在裁判工作中做到严肃认真、公正准确、谦虚谨慎、团结协作，尽心尽力地完成裁判工作任务。

一、定向运动竞赛前裁判的准备工作

为保证定向运动竞赛的顺利进行，裁判组应在竞赛组领导下，做好下列赛前准备工作。

（一）组织和培训裁判队伍

根据竞赛的规模选聘裁判员；对裁判员进行思想动员与明确分工；学习竞赛规程与定向竞赛规则；研究裁判方法和进行现场裁判实习。

（二）召开各种会议

1.全体裁判员大会

会议的内容为进行思想动员、布置学习计划、宣布各裁判组人员名单和分工。

2.裁判小组会议

会议的内容为在主裁判领导下制订本小组的学习和工作计划、讨论比赛和裁判工作中的有关问题。

3.主裁判会议

会议由总裁判长主持召开，会议的内容为了解各裁判小组准备情况并交流经验，解决存在的问题。

4.领队、教练员会议

会议由竞赛组召开，总裁判长和有关的裁判长、主裁判参加。会议的内容为介绍竞赛工作的准备情况和补充规定，听取领队和教练员意见，讨论竞赛有关问题。

（三）做好裁判器材和用具准备

各裁判小组要提出裁判工作所需要的器材和用具清单。对于领到的裁判器材和用具要落实专人负责，以保证比赛时裁判的有效使用。

（四）布置好起、终点并检查器材

各裁判小组于比赛前必须到现场检查起、终点设置和器材准备情况，如有必要，需提出起、终点重新布置和器材更换意见，交场地器材组解决。

二、定向运动竞赛的裁判规则

（一）违例与处罚

1.给予警告的情况

（1）在出发区提前和抢先出发者。

（2）不按规定佩戴号码布者。

（3）试图进入竞赛区域，但未造成后果者。

2.判罚运动员成绩无效的情况

（1）未经竞赛裁判委员会批准，冒名顶替参加竞赛者。

（2）未按竞赛规定顺序完成检查点任务及检查卡打印图案位置不对者。

（3）未完成检查点任务者，即检查卡打印检查点图案不全者。

（4）检查卡打印的图案模糊不清，确实无法辨认者。

（5）竞赛结束前未交检查卡者及丢失检查卡者。

（6）超过规定时间完成全赛程者。

（二）犯规与处罚

1.给予取消竞赛资格的情况

（1）为他人指点路线者和接受他人指点路线者。

（2）为他人代打检查卡者和被代打检查卡者。

（3）领跑者和跟跑者。

（4）不按规定检查点顺序行进者。

（5）竞赛搭乘交通工具者。

（6）利用规定以外的定向器材者。

（7）有证据证明赛前勘察过竞赛场地者。

（8）根据规则不符合参赛组别的参赛者。

2.其他违规处理

（1）故意破坏检查点标志、打卡器等竞赛设施者，除取消竞赛资格外，应责令其赔偿，并通报该队给予批评教育。

（2）运动员在竞赛中损害群众利益，故意损坏农作物、林木花草等自然环境者，取消竞赛资格，并通报该队给予批评教育；造成的后果及经济损失由本人负责。

（3）运动员在竞赛途中因伤病不能继续竞赛时，以退赛论处。

（4）竞赛前运动员因故弃权，领队或教练员应向裁判委员会进行事先通报。

（三）抗议、申诉和仲裁

（1）各参赛队领队、教练员、运动员等成员可对竞赛中的问题提出抗议或申诉，但必须按照竞赛规程的规定程序向总裁判长或大会组委会提交抗议或申诉报告。若设有仲裁委员会，也可向仲裁委员会提交抗议或申诉报告。

（2）对竞赛判罚提出异议，或对主办单位、裁判工作人员违规行为进行抗议，或对参赛队及其成员的违规行为进行检举者，必须在本场竞赛的终点关闭1小时内向大会组委会或仲裁委员会提交抗议书或申诉书，对竞赛成绩提出异议时，必须在成绩公布后20分钟内向组委会（或仲裁委员会）投诉。

（3）大会仲裁委员会必须对抗议者或申诉者提出的抗议和申诉做出裁决。仲裁委员会根据实际调查和裁判原始记录，按照定向运动裁判规则及竞赛规程进行裁决。有争议的问题则以仲裁委员会全体委员表决裁决，裁决以2/3多数通过有效。必要时，仲裁委员会还应对裁决做出说明。仲裁委员会的裁决是最终裁决。

三、定向运动竞赛的裁判工作方法

（一）定向运动竞赛起点裁判工作

1. 竞赛前准备工作

竞赛起点裁判长应组织起点裁判员在每次竞赛前30分钟准备好出发场地。出发场地准备包括以下内容：

（1）根据实地起点的地形合理划分候赛区、检录区、观摩区、出发区。

（2）根据同场竞赛组别安排及出发区格式的要求，在预计的起点位置划好出发区；同时，合理安排起点裁判所用器具以及准备好竞赛用品。

2. 竞赛中起点裁判工作

由起点裁判长统一领导协调全起点裁判组工作，以及与竞赛运动区域裁判长、终点裁判长的联络工作。

（1）检录工作。检录员赛前应在出发场地的公告栏张贴公告，公布本场竞赛的顺序安排。按照竞赛规定时间，由检录员按竞赛顺序安排检录参赛运动员。首批被检录的参赛运动员按顺序进入出发区，后续被检录的参赛运动员在检录区内等候。被检录的参赛运动员进入检录区后，未经裁判员允许不得离开检录区。

（2）检查工作。出发区检查员负责引导参赛运动员按竞赛安排顺序就位，督促出发区运动员执行竞赛出发区规则，正确进入各自竞赛组别通道，按规定向前移动等。第一声竞赛指令发出后，首批参赛运动员进入各自通道的就位格。以后每发出一次竞赛指令，运动员依次前移至准备区、待发区。检查员负责检查进入出发区参赛运动员的服装、号码布，以及佩戴、携带的竞赛物品等是否符合要求。运动员服装应适合于野外运动，号码布应按竞赛规定佩戴牢固，参赛运动员在竞赛中只允许携带竞赛规定可携带的指北针、检查点说明表、检查卡等竞赛用品。

（3）地图管理工作。地图管理员负责将本场竞赛各组别竞赛地图分发到各组别图箱。竞赛期间，地图管理员负责监督参赛运动员按竞赛规定取图。一般发出出发指令，即计时开始后，待发区运动员方可取图。按竞赛规程规定，也可在参赛运动员进入待发格时取图，也就是说，参赛运动员出发计时前有2分钟（我国定向运动竞赛规定的出发间隔时间）读识地图时间。地图管理员要防止参赛运动员多拿或错拿竞赛地图。

（4）发令工作。发令员根据竞赛规定时间负责调整和管理发音器，按时发出竞赛出发指令。督促参赛运动员按竞赛规定时间出发，判罚竞赛出发违规行为。

（5）记录工作。记录员负责审核参赛运动员出发顺序、运动员号码及出发时间，记录参赛运动员的号码、实际出发顺序及实际出发时间，记录出发区对参赛运动员违规行为的判罚结果，如对参赛运动员的弃权、迟到、违规等判罚的结果。

（二）竞赛运动区域裁判工作

1.竞赛前准备工作

竞赛运动区域裁判长应组织竞赛运动区域裁判员在每次竞赛前30分钟做好竞赛运动区域设置检查点等工作。

由检查点裁判员按竞赛规则负责设置检查点标志及检查点其他竞赛设备等。

由巡视裁判员或负责安全保卫的技术人员按规定设置必经路线指示带和危险区域的隔离带等。

2. 竞赛中竞赛运动区域裁判工作

由竞赛运动区域裁判长统一领导协调竞赛运动区域裁判组工作，以及与起点裁判长、终点裁判长的联络工作。

（1）检查点工作。竞赛中负责维护检查点标志及检查点竞赛用品、设备的完好；竞赛中负责记录抵达该检查点的运动员号码及抵达时间；竞赛中负责该检查点区域内运动员的违规行为的监督检查，发现违规行为应记录违规运动员的号码、违规事项、违规时间、违规地点等，并在竞赛结束前报告竞赛区域裁判长。

（2）巡视裁判工作。巡视裁判员负责巡查运动途中参赛运动员遵守竞赛规则的情况，发现作弊或违例情况应当场向当事运动员指出，记录当事运动员的号码、作弊或违例事项、时间和区域等，并在竞赛结束前报告竞赛区域裁判长。临近竞赛结束时间可收容迷路参赛运动员，被收容的运动员不得再参加本场竞赛。

（三）竞赛终点裁判工作

1. 竞赛前准备工作

竞赛终点裁判长应组织终点裁判员在每次竞赛前30分钟准备好终点区域设置等工作。

根据实地终点地形合理划分休息区、观摩区、终点区。

根据终点区格式的要求，在预计的终点位置划好终点区；同时，合理安排终点裁判所用器具以及准备好竞赛用品。

2. 竞赛中终点裁判工作

由竞赛终点裁判长统一领导协调终点区域裁判组工作，以及与起点裁判长、竞赛运动区域裁判长的联络工作。

（1）裁判工作。预告员随时与最后公共检查点裁判员联络，了解即将要抵达终点运动员的动态。当参赛运动员沿终点引导通道（参赛运动员必须沿通道抵达终点）行进时，应认清运动员身着号码，并以清楚的语言按先后顺序大声报告运动员身着号码。序道员按照通过终点运动员的顺序，以清楚的语言大声报告运动员抵达终点的顺序与号码。计时员以抵达终点运动员的胸部越过终点线为准，准确清楚地报告每个抵达终点运动员的时间。

（2）记录工作。记录员认真准确地记录抵达终点的运动员的顺序、号码、时间等，并负责将记录结果填入各自运动员的检查卡。

（3）回收工作。收卡员负责回收抵达终点运动员的检查卡、地图等工作，并将检查卡及时交记录员登记竞赛成绩。

3.验证工作

验证员负责验证运动员完成检查点任务的完整性和准确性，即是否按规定顺序完成全部应完成的检查点打记工作，各检查点打记是否清楚、准确等。

计时员验证运动员的出发时间与抵达终点时间，必要时应将时钟时间换算成运动员实际耗时，时间计为小时、分、秒或分、秒，秒后小数以四舍五入计。

4.统计工作

统计员以专门的统计表格（一式三份）登录运动员的姓名、单位、项目、成绩、名次等，每个竞赛项目统计完成后交终点裁判长审查签名。若竞赛中出现裁判疑义，终点裁判长还须将成绩统计表交总裁判长复议裁决。然后将一份统计成绩表格在公告栏张榜公布；一份统计成绩表格作为统计大会所有竞赛项目的总成绩的统计资料备用；一份统计成绩的表格以及运动员参赛的原始检查卡、裁判员的裁判原始记录等作为大会竞赛资料存档备用。

参考文献

[1] 袁博. 定向运动 [M]. 太原：山西人民出版社，2007.

[2] 何晓知，汤万辉. 定向运动 [M]. 长沙：湖南大学出版社，2005.

[3] 缪华，汪洁. 定向运动 [M]. 天津：天津大学出版社，2014.

[4] 沈建兵，徐恒勇，景建中. 定向运动 [M]. 东营：石油大学出版社，2009.

[5] 刘玉江. 定向运动教学与训练 [M]. 成都：西南交通大学出版社，2015.

[6] 姚国应. 定向运动必备 [M]. 北京：解放军出版社，2004.

[7] 于洪杰. 地形学与定向运动 [M]. 哈尔滨：哈尔滨地图出版社，2006.

[8] 阳文胜. 定向运动与野外生存训练 [M]. 长沙：湖南师范大学出版社，2007.

[9] 赛庆彬. 定向运动初级教程 [M]. 青岛：中国海洋大学出版社，2012.

[10] 何晓知. 定向运动教学与训练 [M]. 长沙：湖南大学出版社，2009.

[11] 尹霞，罗卓琼，卢忠瑾. 定向运动与野外生存 [M]. 西安：陕西人民出版社，
    2007.

[12] 陈蕴霞，龚博敏. 高校校园定向运动教程 [M]. 上海：同济大学出版社，
    2010.

[13] 张惠红，陶于. 定向运动与野外生存 [M]. 北京：高等教育出版社，2006.

[14] 杨向东，沈荣桂. 定向运动教程 [M]. 南京：河海大学出版社，2006.

[15] 张宝帆. 定向运动与野外生存 [M]. 天津：天津大学出版社，2000.

[16] 单小忠. 学校定向运动教学与技战术训练 [M]. 杭州：浙江教育出版社，
    2012.

[17] 王蕾. 定向运动与野外生存实用教程 [M]. 北京：中国轻工业出版社，2013.

[18] 赵云升，刘宗霖，郑迅. 大学生定向运动指南 [M]. 长春：吉林大学出版社，
    1998.

[19] 陈小蓉．定向运动与野外生存训练 [M].广州：中山大学出版社，2003.

[20] 乔梁．定向运动与野外生存训练 [M].北京：中国铁道出版社，2009.

[21] 孙殿恩．定向运动基本理论构建与实践研究 [M].长春：东北师范大学出版社，2012.

[22] CLAESSONL, GAWELIN.定向运动路线设计与技能训练 [M].吴寿虎，徐青编，译．北京：解放军出版社，1994.

[23] 刘小平．运动定向理论与实践研究 [M].北京：中国原子能出版社，2013.

[24] 张庆萱，王锋．定向运动对提高高校学生身体素质的应用研究 [J].红河学院学报，2021，19（3）:109–111.

[25] 沈辉.基于人格培养构建下的大学定向运动教学思路研究 [J].当代体育科技，2021，11（15）:110–112.

[26] 陶建斌．提高学生定向运动训练效果方法探究 [J].当代体育科技，2021，11（14）:77–79.

[27] 辛超，王先亮．定向运动对青少年体育素养的促进研究 [J].青少年体育，2021（2）:32–33.

[28] 丁海亭，王井明．立德树人背景下的高校定向运动的思想政治教育功能研究 [J].高教学刊，2021（3）:181–184.

[29] 房凯．高中体育课中定向运动与耐久跑教学的融合 [J].当代体育科技，2021，11（2）:113–115.

[30] 王玉洪，周明．翻转课堂教学模式在高校定向运动教学中实施效果研究 [J].昆明学院学报，2020，42（6）:120–124.

[31] 张园．手机 APP 在高校定向运动教学中的应用研究 [J].当代体育科技，2020，10（33）:67–69.

[32] 贺波，贾晨昱，李旭．基于移动互联网的定向越野手机终端的设计 [J].运动精品，2020，39（11）:66–67.

[33] 尹博．高校体育定向运动资源开发的实践探索——以"穿越'三山五园'定向挑战赛"为例 [J].青少年体育，2020（9）:74–75.

[34] 刘志华.茶文化视域下定向运动路线设计与赛事推广体系研究 [J].福建茶叶，2020，42（9）:228–229.

[35] 钟敏．四川省高校定向运动课程实施现状的调查与分析 [D].成都：四川师范

大学，2020.

[36] 王野 . 长春市高校校园定向越野课程推广研究 [D]. 长春：吉林大学，2020.

[37] 杨一帆 . 武陵山片区高校户外运动课程资源开发研究 [D]. 吉首：吉首大学，2020.

[38] 钟立国 . "健康中国" 视域下高校公共体育课定向运动教学改革研究 [D]. 牡丹江：牡丹江师范学院，2020.

[39] 薛俊 . 普通高校非高水平定向运动队建设与发展研究 [D]. 武汉：华中师范大学，2020.

[40] 李超 . 黑龙江省开展全域定向运动的可行性研究 [D]. 哈尔滨：哈尔滨师范大学，2020.

[41] 陈香港 . 任务驱动教学法在高校定向运动教学中的实验研究 [D]. 山东体育学院，2020.

[42] 王肖苏 . 定向越野与传统村落旅游融合推广研究 [D]. 济南：山东体育学院，2019.

[43] 刘光沛 . 定向运动与 "绝地求生" 游戏创意融合的研究 [D]. 曲阜：曲阜师范大学，2019.

[44] 李哲 . 定向运动赛事选手参赛风险管理研究 [D]. 厦门：集美大学，2019.

[45] 胡庆莲 . 定向越野运动伤害事故的风险管理研究 [D]. 武汉：华中师范大学，2019.

[46] 刘宇翔 . 南粤古驿道定向大赛价值研究 [D]. 广州：广州大学，2019.

[47] 张本强 . 湖南省大中学校定向运动开展现状及对策研究 [D]. 湖南：湖南师范大学，2018.

[48] 孙丽娜 . 定向越野运动对普通高校大学生若干认知能力影响的实验研究 [D]. 大连：辽宁师范大学，2018.